PS8607.B55 B56 2006

D'bi.young,

Blood.claat = Sa

2006.

MW01120683

2007 11 05

HUMBER COLLEGE
LAKESHORE CAMPUS
LEARNING RESOURCE CENTRE
3199 LAKESHORE BLVD. WEST

160201

blood.claat

·

sangre

Humber College Library

d'bi.young.anitafrika

blood.claat

•

sangre

queen nzinga maxwell edwards,
translator

weyni mengesha,
dramaturge

Playwrights Canada Press
Toronto • Canada

blood*.claat* © Copyright 2005 d'bi.young.anitafrika
*sangre (translation of **blood**.claat*) © Copyright 2005 queen nzinga maxwell edwards
The moral rights of the authors are asserted.

Playwrights Canada Press
The Canadian Drama Publisher
215 Spadina Avenue, Suite 230, Toronto, Ontario CANADA M5T 2C7
416-703-0013 fax 416-408-3402
orders@playwrightscanada.com • www.playwrightscanada.com

CAUTION: This play is fully protected under the copyright laws of Canada and all other
countries of The Copyright Union, and is subject to royalty. Changes to the script are
expressly forbidden without the prior written permission of the author. Rights to produce,
film, or record, in whole or in part, in any medium or any language, by any group, amateur
or professional, are retained by the author, who has the right to grant or refuse permission
at the time of the request. For professional or amateur production rights, please contact
Playwrights Canada Press at the above address.

No part of this book, covered by the copyright hereon, may be reproduced or used in any
form or by any means—graphic, electronic or mechanical—without the prior written
permission of the publisher except for excerpts in a review. Any request for photocopying,
recording, taping or information storage and retrieval systems of any part of this book shall
be directed in writing to Access Copyright, 1 Yonge Street, Suite 800, Toronto, Ontario
CANADA M5E 1E5 416-868-1620.

Financial support provided by the taxpayers of Canada and Ontario through the Canada
Council for the Arts and the Department of Canadian Heritage through the Book Publishing
Industry Development Programme, and the Ontario Arts Council.

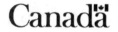 

Cover photos by Aviva Armour-Ostroff.
Cover design by JLArt and d'bi.young.anitafrika.
Production Editor: JLArt

Library and Archives Canada Cataloguing in Publication

D'bi.young, 1977-
    Blood.claat = Sangre / d'bi.young anitafrika ; queen nzinga
maxwell edwards, translator.

Text in English and Spanish.
ISBN 0-88754-844-X

    I. Edwards, Queen Nzinga Maxwell II. Title. III. Title: Sangre.

PS8607.B55B56 2006   C812'.6   C2006-903317-X

First edition: July 2006.
Printed and bound by Canadian Printco at Scarborough, Canada.

table of contents

Blood Claat

blood.claat

ase first mother ancestor
ase queen nanny and your sister sekesu
for my great grandmother miss thomas
my grandmother theresa
for auntie nezi . auntie cherry . auntie bev . and auntie dawn
my mother anita
my brother johari and my son moon

for raphael
who has loved me with
an undying blood

and to gryphen
i love you

dis bloodline is the old womban with many children
when one fall another warrior is born koromante

The Dialectics of Blood
Introduction to *blood*.claat

by Klive Walker

blood.claat insists that you confront any fears, misgivings or aversions you may have to blood. d'bi.young, the play's author, tells us elsewhere in this book that blood shed through violence is death blood, while a woman's period is life blood. In so doing, young reminds us that blood has multi-dimensional social properties. In *blood*.claat, young takes this idea, the connection of blood—particularly women's blood—to birth, puberty, menopause and death, and roots it in an African-Jamaican experience so that it provides a complex understanding of how slavery informs the present day condition of African-Jamaicans. Then very skillfully, she extends this metaphor to include life-blood as a transformed weapon of women's liberation. Even the Jamaican curse word adopted as the title of the play is drained of its profane character. *blood*.claat is no longer simply an exclamatory term of derision or anger that carries within it a negative connotation of blood. The womb of the play morphs that expression into a symbol that is positive and life affirming. Here, young parallels the language journey of the late reggae superstar Peter Tosh, who was adamant that certain Jamaican curse words possess spiritual and healing characteristics. He wrote and recorded the song "o bumbo claat," which can literally mean *bum cloth* or *pubic cloth*. Metaphorically it can be interpreted as the spiritual power of female biology that is also invoked by the menstrual blood claat.

young has suggested that she is first and foremost a dub poet because that description embodies her work as actor and playwright. young's triple-threat artistic persona continues an established tradition. In some ways dub poetry can be seen as a dramatic art intended for performance rather than for the page. Most of the seminal dub poets including Anita Stewart, young's mother and main inspiration, and other 1970s pioneers such as Oku Onuora and the gifted Jean Binta Breeze developed the performance aspect of their craft at the Jamaica School Of Drama. It is not surprising then that some dub poets would apply their talents to writing plays and acting. young is certainly not the first. She stands on the shoulders of Jean Breeze and ahdri zhina mandiela to name two examples. Breeze has written screenplays for British television that include the movie "Hallelujah Anyhow." mandiela, a talented dub poet, is a well-known Toronto theatre director and theatre festival coordinator who has been a mentor to young. young, however, is not just continuing a tradition. She is using her gifts to redefine the dub aesthetic in poetry and theatre as she represents a different generation exploring innovative ways to contribute to a new era for reggae culture.

young's dub poetry, though sourcing the form's roots reggae origins, incorporates dancehall reggae, hip hop, punk and Latin music, unlike other poets whose dub verse is restricted by a dogmatic adherence to an old school sensibility frozen in a 1970s paradigm. This creative approach and desire for innovation is also employed in ***blood.claat***. The play offers herstorical scenes involving Ashanti Queen Nanny, possibly the most militant and uncompromising leader of slave rebellion in 18th century Jamaica. Those scenes bleed a broader perspective and context into the main story about the coming-of-age of a teenaged girl named mudgu and her relationships with a variety of individuals in her humble working class community; in particular the complex bonds with her mother, who has migrated to Canada and her grandmother with whom she lives in Kingston, Jamaica. The technique of linking mudgu's tribulations to the struggles that confronted Nanny, a national hero in Jamaica, signifies much more than just the connection between a present day African-Jamaican and her ancestor from a time three hundred years in the past. It depicts the idea that there is a cultural bloodline that pumps to a heart pulsing a body of experiences that include the struggles and victories of mudgu and the larger-than-life *sheroic* exploits of Nanny, an iconic figure, who continues to represent a formidable example of women's liberation in the history of mudgu's homeland.

young's use of Nanny in her play intersects with the fact that Nanny's iconography is an integral aspect of the thematic framework of reggae. Roots reggae star Burning Spear has tributed Nanny in song ("Queen of the Mountain"), however it is mainly women such as reggae artist Judy Mowatt ("Warrior Queen") and female dub poets Jean Breeze ("sound di abeng fi nanny") and Afua Cooper ("The Child is Alive") who have invoked the Nanny legend in their songs and poems. Nanny also appears in the reggae-flecked work of acclaimed Caribbean-Canadian women writers such as poet Lorna Goodison (*Nanny*) and science fiction novelist Nalo Hopkinson (*Midnight Robber*).

This reveals another interesting characteristic about young's definition of herself as dub poet first. In many ways, dub poetry is a child of reggae, in fact some of the seminal dub poets were inspired by Bob Marley or by deejays as reggae MCs are called. Various themes of the reggae song which include struggle against injustice, love for humanity, romantic love, sexual love, introspection, slavery and women's liberation all surface in *blood*.claat. In that sense and the way in which it renders aspects of the Jamaican experience as universal, the construction of the play clearly operates within the context of the reggae aesthetic, a concept that describes how reggae acts as a crucial resource for some Caribbean poetry, literature and theatre. Although young's play may not necessarily be viewed as a dub play—the dialogue is not mainly conceived in dub verse—it certainly conveys a dub sensibility in theme and the rhythm of its language.

blood.claat in book form is a compelling read and an important work; witnessing the play come alive on stage is an experience on a different level of satisfaction and artistic accomplishment. *blood*.claat has been mounted as a one-woman play in which young appears to effortlessly inhabit each one of the characters. young exceeds what may be considered the commendable objective of convincingly reading the lines and making the characters believable. Without question, young possesses a presence and charisma on stage that informs her performance, but those characteristics are mere seasoning to her impressive craft as an actor. With a frown, a glance, or a facial expression young provides substance to the motivations of each character. With a hand gesture, a particular way of walking or a head movement she provides a rich physicality that layers the play's words with another dimension of meaning. Whether someone is familiar with Jamaican culture or not, as a member of the audience you are presented with a performance in which you are keenly aware that young, as the play's only actor, is intimately familiar with the characters she inhabits from the inside out. Whether the character is male or female, mature or pubescent, young hits the right notes like a reggae singer skillfully negotiating thick, brooding bass lines. Her performance and her words exude a level of complexity and depth in a play that delivers an alternative Jamaican (and by extension Jamaican-Canadian) reality unlike much of the stereotypes that run amok in popular culture or the evening news. young does not depict or portray women as just the love interest or the one-note mother or grandmother as dutiful caregiver. While she presents men as being capable of terrible acts she also shows that they are sensitive and caring. young's writing in *blood*.claat displays courage in the way that it confronts the issue of incest especially when it is considered that the play is bio-myth-o-graphical. Her emotionally naked performance is very brave for the same reason.

d'bi.young has spent half of her life living in Jamaica and the other half residing mainly in the Jamaican/Caribbean diaspora location of Toronto, Canada. Her consciousness and art reflect this dichotomy of being a product of two distinct but intricately related communities. *blood.claat*, though based "*solely in Jamaica*" as the author suggests, does introduce a Jamaican-Canadian sensibility through mudgu's romantic notion of the land where her mother has migrated. In one particular scene her mother is "in*terror*gated" by an immigration officer on entry into Canada. We can expect a full-blooded portrayal of her Jamaican-Canadian experience in the second play of young's proposed mudgu trilogy.

As a writer and actor d'bi.young's work in *blood.claat* channels the warrior spirit of Nanny. For a truly satisfying theatre experience you should make a date to attend *blood.claat* when it is next mounted. This book, however, contains its own treasures as it not only documents the play in published form but also contains a crucial understanding of subtext and context that can provide a deeper knowledge of the story being told.

May 2006

Klive Walker is author of the book *Dubwise: Reasoning from the Reggae Underground.*

notes on the cyclical nature of cycles

by d'bi.young

sometimes She-wind shifts her course. swirls softly about my head making me remember. dub plates dancing on black vinyl. a slow rub-a-dub. pounding the pressures of a people transferred. dub/poetry birthing herself through a canal of concrete jungle/chaos and/community. the first time I saw my mother perform I was five years old. she was doing dub. the next time I saw my mother perform I was six years old. she was doing a one womban show. I am my mother's daughter. a dub poet. who resides in constant possibility of revolushun and storytelling. whose heart in balance with the wind. stands still. i am one. i am many. herstories. a bridge whose links hang. i am tomorrow's forgotten yesterday. a programmed amnesia. a functional reinvention of the wheel.

changing remaining the same. my mother had me at fifteen. my grandmother had her first-born at fifteen. my greatgrandmother, the same. i decided to have my son at twenty-two. he decided to come at twenty-five. some things do change. *blood.claat* is the story of the womben in my family.

while living in havana cuba in 2002 i wrote a poem called *blood*. a very good friend and mentor, dave austin, who was visiting havana at the time, mentioned that i should consider writing something in response to linton kwesi johnson's *5 nights of bleeding* and *dread beat and blood*. both poems are soaked in red particularly as it relates to reggae music, dancehall, violence, and the jamaican people's pashun. dave's subtle push was all the encouragement i needed to write my own wombanist/feminist version. for years i had wanted to tackle the subject but did not know where to begin. always start at the beginning. *blood* the poem, is about womben and our relationship to menstrual blood. and society's relationship to us.

in 2003 i set out to write a play about my childhood. i moved to canada in 1993 at fifteen. after living with my grandmother for three years i was reunited with my mother. and even though i wasn't pregnant, that shift was as phenomenal as a newborn. having left jamaica willingly. in fact, i couldn't wait to leave. maybe canada could save me from the ancient family predator: *pregnancy*. i came to canada and tried not to think about jamaica and all that it represented for four years. incest can break or make you. i am a survivor. so is my mother. and her mother, and her mother before her.

weyni mengesha is an old soul (mate) who just happens to also have an obsession with blood. thanx to the ancestors our paths crossed again in this life time. in 2003 in the middle of prepping *'da Kink in my hair* (by trey anthony) for theatre passe muraille, i told her that i was writing a play on blood and asked if she would direct. i also told her that this non-existent play was already accepted into the n.y.c. hip hop theatre festival. under pressure to come up with a script, i pieced together loose biographical sketches of my life in jamaica to act as glue for earlier dub poems, and called it the first draft of ***blood.claat***. it featured an ancient womban in a red body suit, mudgu sankofa and her granny, a njoni without a speaking part, an entire canadian element to represent my move here, and no childhood sexual abuse. i had talked about that already in *yagayah* (my first play, a two hander co-written with naila belvett) and also trey anthony had cast me in *'da Kink* as the precious little girl stacey-anne who was also a survivor from jamaica. i thought: *write about some other aspects of your life d'bi. don't typecast yourself.* in between rehearsals and tech dress weyni directed this version, and i took off to new york to present it.

your truth can set you free. ***blood.claat*** was accepted into theatre passe muraille's playwright's unit with mengesha as dramaturge. dramaturgy is for the page what directing is for the stage. mengesha asked questions like: *what story of blood do you want to tell? whose story of blood are you telling? why are you telling this story now?* during this process i realized that somebody would have to tell the little girl's story: my story. i decided to locate the second draft of ***blood.claat*** solely in jamaica and save the canadian journey of my life for another play.

my son was born may 3rd 2004. the summerworks theatre festival was august 2004. again under self-imposed pressure—in between breastfeeding, crying, going crazy, exhaustion, and i can now admit serious post-partum depression—the third draft of ***blood.claat*** was born. randi edwards became moon's part-time/sometimes full-time mom while mengesha and I worked. and lua shayenne guided our time with a fierce precision. now that the story was located solely in jamaica *what information would be in that story?* mengesha asked long and hard if i felt i was ready to talk about incest again. i struggled with my silence. through serious emotional and dramaturgical support from her, i decided that *uncle* would again be a part of my story. for two weeks mengesha and i engaged in improvisational sessions where we role-played scenes loosely based on the chronological events of my childhood. mengesha played the opposite (non-speaking) characters in the scenes while i played mudgu (and other speaking characters) allowing me to generate dialogue. we recorded this dialogue into a tape player and i transcribed it at night. uncle, auntie, stamma, and mother were birthed of this process with speaking parts. the most important revelation of this draft was nanny's creashun. during the dramaturgical process mengesha suggested that a wise warrior mother figure would be a good addition—queen nanny of the maroons. pressed for time, my research of nanny at this stage was superficial at best. she was loosely weaved into the fabric of the play. however mengesha's suggestion would later become the ancestral backbone of ***blood***.*claat*.

for an entire year i was unable to work on ***blood***.*claat*. writer's block. i missed a dramaturgical session scheduled by theatre passe muraille in preparation for ***blood***.*claat's* world premiere at stage 3 because i had nothing. i knew the script needed to change and grow but i had nothing. i had so much more to say but i had nothing.

in summer 2005 my son and i moved to san diego california to work on *'da Kink*. it was here that i discovered the magic and discipline of writing in a vacuum. being away from toronto and everything familiar and everything distracting was exactly what i needed, to be able to hear what the guides were saying. in the quiet of 4 a.m. mornings, far away from moon's daytime toddler-terror, i worked on the script religiously, rewriting all the characters and giving new characters life. here the prior eight evolved into thirteen, and now all of them were speaking. text and subtext and movement and fact and fiction and mythology and herstory birthed themselves into the fourth draft of ***blood***.*claat*. i felt like an only child playing doll's house, with my thirteen imaginary friends. this story is about letting go.

upon returning to toronto with the fourth draft, mengesha metamorphosed into editor extraordinaire. she suggested brilliant ways to tighten the script by cutting and clarifying and deepening and developing all the elements. amina alfred added musical and vocal brilliance to the mix and brudupsbaps!!! magic.

there is always room for growth and change in the cycle of life. ***blood***.*claat* is all of our stories and somewhere a little girl is healed.

—d'bi.young.anitafrika

photo by michael dauda

d'bi.young.anitafrika

d'bi.young.anitafrika is a jamaican-canadian dub poet, actor, and playwright who believes in life. love. and revolushun. her first play *yagayah*, co-authored with naila belvett, was published in volume II of *testifyin': contemporary african canadian drama* edited by djanet sears in 2003. her first book of poetry *art on black* was published by women's press in 2006. **blood.***claat* is the first play in the *three faces of mudgu* trilogy. the other two plays are *androgyne* and *chronicles in dub*.

d'bi.young has performed extensively throughout canada, the caribbean, latin america and europe. she has produced four dub poetry albums and is currently working on her fifth, entitled "ky.ky"—a cuban-canadian musical collaboration. she has been featured in numerous productions including canada's hit musical drama '*da Kink in my hair*, and canada's first afro-canadian sitcom "lord have mercy."

her other writings have appeared in *fireweed, contemporary verse, she speaks*, and the *african canadian theatre review*. she is currently completing her second manuscript of poetry entitled *rivers…and other blackness…between us*. recently, she was appointed a two-year residency at the soulpepper theatre academy.

d'bi.young.anitafrika resides in toronto canada with her sun: moon. www.dbiyoung.net

translation notes

it's been approximately 4 years since I met d'bi.young. it was an encounter predestined by the ancestors. a friend had extra tickets to see the live filming of "lord have mercy." i was excited by the opportunity of being in a filming studio, the live takes and re-takes. to my great surprise the cast was plagued with personalities that in this afternoon opened my eyes to a new world of possibilities. but it was d'bi.young who captivated me with her energy, acting the part of a teenage jamaican girl that lived with her cousin and grandmother in toronto. with this character i was able to identify strongly, since my roots are jamaican, same as most afro-costa ricans, and the cultural dynamics of my community, pueto limón, closely resembles the community in this play. crystal gayle reminded me of myself in my adolescence. it was a refreshment for my spirit. my thirst for more would later be satisfied when d'bi passed a paper sheet in the audience asking that we write our emails if we wanted to be notified of her activities. i had heard mutabaruka, linton kwesi johnson, and the last poets but I had no idea there was an entire community of artists and lovers of performance poetry in toronto (where i had been living for the past 3 years).

days after i received an invitation for the pre-launch of the album "blood." i saw her do a one womban show, never seen anything like that. a herstory played with the language and colloquialisms of a culture very similar to mine (if not the same). i felt at home, back in my grandmother's kitchen. it was there when the connection happened. it was there where i fell in love with her. in addition to building and nurturing a sister-like relationship, we have worked together all this time. i translated *blood* the poem for a music video and *blood* the documentary.

the rebelliousness of her writing is reflected even in her deliberate orthographical choices using orthography to intone or enunciate instances and emotions, and in her grammatical choices when she alters, omits or combines words to create new intentions and give names to emotions hard to express in prose. due to her nature as a writer this translation will be maintained as literal as possible respecting the playwright's intentions and applying the grammatical and orthographical alterations as much as possible. at her request, all words of gender that imply generalization of gender will be applied in the feminine (eg. los ancestros = las ancestras, los niños = las niñas) wherever possible. another request was to write the word his-tory as her-story. this is the same model applied by the playwright.

—queen nzinga maxwell edwards

iyawo ade eggun
(a.k.a) queen nzinga maxwell edwards

a warrior that honours the regalness of her blood's ancestral roots and her legacy of resistance. a singer, writer, painter, spoken word artist, poet, mother and community activist. being a latin american of jamaican descent she is a linguist by nature, fluent in french, portuguese, italian, english, spanish and patua; the latter three being languages she was raised with in the community of puerto limón costa rica.

while living in toronto, canada, she worked as a cultural interpreter for cantalk canada, volunteered her skills to community organizations as well as to people that could not afford one. she was also the international liaison for the canadian chapter of the global afrikan congress. she translated d'bi.young's poem *blood* from english to spanish for cuban audiences and the documentary "blood" from spanish to english for canadian audiences. the accessibility deficit of afro-centric information to spanish speaking afrikan descendants, encourages her quest for knowledge and for finding ways to help make the much needed change.

blood.claat is the story of womban and blood; life blood and death blood as experienced through the journey of fifteen-year-old mudgu sankofa. she is surrounded by a legacy of personalities: from *granny* to *auntie* to *njoni* to *stamma* to *ogun* to *pearl johnson* who all relate to blood on their own terms. mudgu negotiates gender I class I race I and sexuality through her developing relationship to her own blood. the inevitable nature of cycles makes **blood**.claat at once: a resistance to colonial oppression. a ceremonial dance. a liberashun chant. a dub poem. di gawdess (re) honoring her blood. this piece is the first play in the *three faces of mudgu* trilogy

acknowledgements

elegua. ancestors. yemaya. oya. oshun. ogun. shango. obatala. olodumare. my people from whitfield town maxfield avenue kingston 13. womben of my family. raphael cohen. madrina rosa. melba and the rest of my cuban family. weyni mengesha. amina alfred. cuban teachers. ordena stevens. randi edwards. colin doyle. new york hip hop festival. roger c. jeffrey. belinda ageda. nehanda abiodun. assata shakur. laini mataka. lua shayenne. soundbites. jay pitter. ontario arts. summerworks theatre festival. franco boni. ahdri zhina mandiela. alison sealy-smith. layne coleman. quammie williams. clebber de oliveira. sue edworthy. theatre passe muraille backspace. theatre passe muraille family. obsidian theatre. lance brathwaite. marie fewer. jennifer filippelli. jonathon rooke. erika connor. steve lucas. laini mataka. nick murray. rosina kazi. learie mcnicolls. byron beckford. queen nzinga. jamaican folksingers. las krudas. pablo herrera. las krudas. alfredo. linton kwesi johnson. damian 'junior gong' marley. bob marley. junior reid. clebber. nation. greg thomas. aviva armour-ostroff. shari hay. *now* magazine. *eye* magazine. contact alternative high school. adrian worrell, klive walker. villagers who witness **blood**.*claat.*

production herstory

blood(claat): one womban story (1st draft) was first presented at the new york hip hop theatre festival in june 2003 with the following company:

playwright . mudgu sankofa	d'bi.young
director . dramaturge	weyni mengesha
set design	belinda ageda
lighting design	d'bi.young . weyni mengesha
music	*new afrikan sisters* by nehanda abiodun
	dubbin revolushun by assata shakur
	oomaan by laini mataka and
	d'bi.young
	blood by d'bi.young
additional direction	ordena stephens
choreography	roger c. jeffrey

•

blood(claat) (2nd draft) was then part of theatre passe muraille's annual playwright workshop series and showcased at soundbites, march 2004 with the following team:

playwright . actor	d'bi.young
director . dramaturge	weyni mengesha

•

blood(claat): one oomaan story (3rd draft) was next presented at summerworks theatre festival august 2004 with the following company:

playwright . storyteller	d'bi.young
director . dramaturge	weyni mengesha
percussions . vocals	amina alfred
stage manager	lua shayenne

production credits

blood(claat): one oomaan story world premiered at theatre passe muraille
november 15, 2005 as part of the stage 3 repertory theatre series, with the
following company:

playwright . storyteller	d'bi.young
dramaturge . director	weyni mengesha
percussion . vocals	amina alfred
choreographers	learie mcnicolls . byron beckford
stage manager	marie fewer
costume design	erika connor
set . lighting design	steve lucas
sound design	nick murray
backspace blood art exhibit	queen nzinga
songs	folk songs by jamaican folksingers
	"old meets new" by d'bi.young, las krudas
	pablo herrera and bata drummers

blood.claat: a jamaican curse word. literally means bloodied cloth.
menstrual cloth used by oomaan when they bleed.

settings

east afrika in the beginning…
pearson international airport—canadian immigration three years earlier
nanny town jamaica 1730-1732
kingston jamaica present day

in the beginning…/east afrika

up centre stage is an altar blessed in blood. an iroko tree towers
above the altar on the up centre stage wall. a large blue fabric covers
the table hosting the altar. the following items are ceremoniously
sitting on top the table. a large blue cloth. yemoja candle. blue pot
with a large sea shell in water. seven cowrie shells. an ashanti fertility
gawdess. red masai beads. a vase with blue flowers in water. a small
blue cup. a small bottle of rum.

jamaica

downstage left sits a metal wash pan. a clothes line stretches on an
angle from up centre stage to downstage left. on it hangs clothes
pins. a red wash brush. a rag. a white marina top. a towel. a blue doll.
a jamaica knapsack. a pack of craven-a cigarettes. a church hat and
bible.

props

altar: a large blue cloth. yem-oya candle. blue pot with a large sea shell in
water. a purple eggplant. seven cowrie shells. an ashanti fertility
gawdess. red masai beads. a vase with blue or white flowers in water.
a small blue cup. a small bottle of rum.

a large metal wash pan

clothes line: clothes pins. a rag, a red wash brush, a jamaica knapsack
(mudgu). a white marina top (njoni). a pack of craven-a cigarettes
(granny). a church hat and bible (auntie).

upstage right, against wall: a machete (with a piece of ancient majestic
cloth tied around its handle)

costumes

a cascading red skirt (representing blood. a sheet. a baby)
a neutral costume dress (able to play multiple characters in)
a small piece of ancient majestic cloth (mother)

characters

yemoja: mother of us all. blood

granny: a fifty-year-old oomaan. she loves her granddaughter mudgu. she is ashamed of blood.

immigration officer: believes and practices blood hierarchy.

bus conductor stamma: a twenty-nine-year-old man who stutters. confused by the power of blood.

queen nanny: a chieftainess. a priestess. an obeah oomaan. a healer. a military leader. knows the power and practices the magic of blood.

warrior ogun: orisha who governs metal works. misdirects blood fire energy.

womban passing by: a believer who knows. broken by bloodshed in vain.

njoni: mudgu's boyfriend. five years older than her. he dreams in red of success.

auntie: mudgu's thirty-five-year-old aunt experiencing early menopause. she is a christian fundamentalist who uses her faith as a blindfold. she lives in denial of blood.

uncle: auntie's husband. blood-killer.

pearl johnson: village gossiper. she is excited by blood stories.

mother: mudgu's thirty-year-old mother. a hard-working oomaan. she respects blood.

mudgu sankofa: a young girl becoming womban. this is the year before her 16th birthday. on a path to re/dis/covering blood, she is poised in the middle of a juxtaposition between *life blood*—her period and *death blood*—violent bloodshed; negotiating the demonization of the former and glorification of the latter. the eternal umbilical cord—the slave blood line—reconnects her to her roots and to her future.

musician storytellers

3 bata drummers/percussionists/vocalists: chart the story of blood.

blood.claat

pre-show

jamaica folk

*audience enters story to the sound of old jamaican folk songs
a particular scent reminiscent of old-time jamaica fills the air
(eg. mint tea/cerassie tea, sea water, mountain bush, coal stove
etc.)*

scene 1

in the beginning...

*east afrika. in the beginning... stage is black. lights (sun)rise to the
sound of bells and a cock crowing. it is dawn. as the sound of
mama afrika music plays, She walks towards her alter at the roots
of the iroko tree. a snake is coiled around the branches of the tree*

*3 bata players sing praises to yemoja in yoruba. storyteller keeps
a steady heartbeat on the djembe drum*

*She walks through the village, her cascading red skirt creating
a river of blood behind her. on her skirt is an old majestic piece of
fabric with gold trimmings and cowrie shells. as She walks, the
river runs*

*She removes her headdress and greets her altar located centre stage
at the foot of the iroko tree*

*mama afrika music introduces words.
She pours some libashun to elegua to clear the path
to the right then to the left.
storyteller increases heartbeat drum*

*libashun to her ancestors for gratitude, guidance, and protection.
She then pours some in the blue cup as an offering to yemoja,
mawu mother of all. She takes 3 red masai beads and places
them around her neck. (in silence) She asks goddess ochun for
permission and blessings to life-birth*

storyteller increases heartbeat drum

blessings abound. she asks goddess oya, gate keeper of the
cemetery, to grant her safe passage. her back facing the village,
she dances in creashun.

storyteller plays poly-rhythm on congas
mama afrika music fades out leaving storyteller and womban
dancing ancient ceremonial creashun blood dance. chanting.
calling through the spirits.

She is possessed by the blood of her ancestors. She bleeds into the
earth beneath her.

village never sees her face.
while dancing the spirit of her children are summoned.
and they come.

when they appear the drumming decreases in volume allowing
them to speak their piece. after speaking the drumming gets hotter;
boiling blood.

granny
we cum and bear di children dem
and we try grow dem propa
mi try wid har sah
mi try wid har

> *drumming heats up. She dances*

njoni
my girl cyaan breed
and I don't rise to di occasion
like a big black stallion…

> *She dances. drumming heats up*

auntie
mi warn you
god warn you
but sometimes di devil get inna yuh
like hot blood
a boil water

> *drumming heats up. She dances*

bus conductor
bu bu bu bu bu bu bu bu bu bu bu
ble le le le le le le le le le

blo blo blo blo blo blo
BLOODCLAAT!

> *blood boiling point! a loud thunderclap on the djembe. She freezes*
> *hands outstretched above her head holding the world.*

blackout

scene 2

blood and shame

jamaica present day

> *the stage is black. booming through the neighbourhood sound*
> *system is a popular reggae song "welcome to jamaica" above the*
> *darkness we hear the words*

> *"out in the street*
> *they call it murder..."*

> *we hear granny's cough then her piercing voice through the loud*
> *music*
> *storyteller coughs*

granny
> *(coughing)* not even 6:30 in the morning and dese old hooligans have
> the music turn up so loud like they want me to go deaf in my old
> age... *(she shouts to the neighbour a few houses down across the street)*
> hello njoni and company, cock barely crow, please turn down the
> yaga yaga music!!! *(music is lowered)* lord jesus why you give me this
> cross to bear... but... but... but wait... but what is this? what is this
> in the bed?!... mudgu? don't tell me that mudgu spoil up my brand
> new white sheets from lee's fifth avenue. but you see my dying trial.
> is shame she want to bring down inside my house. three years this
> child seeing her menses and still soiling up my bed. and look at her,
> lying down like she is sleeping beauty or something. mudgu wake
> up! *(she slaps her leg)* mi seh fi wake up!

> > *it is early daylight. mudgu is asleep downstage right fully covered*
> > *by red sheet. she shifts and turns as she is violently awoken by her*
> > *grandmother*

mudgu
> aieee! granny. *(waking lazily)* mi a get up! mi a get up! *(sees blood on*

bed) oh god mi stain up the bed granny... sorry. sorry. sorry... mi nevah know that it would come last night granny... mi nevah mean to soil up the bed granny... granny no! *(her grandmother hits her repeatedly)* ...no... I going to wash everyting... no granny I don't want to be nasty. I am going to wash everything clean clean clean... I nevah soil di bed on purpose granny... a sleep mi a sleep and it leak out a mi panty... next time i will know better and do better... because cleanliness is next to godliness... yes granny... cleanliness is next to godliness.

> *she quickly folds the bed sheet and begins to walk away. her granny calls her back.*

yes... I mean yes granny. on my nightie? *(she turns her nightgown around to see that it is bloody as well)* granny I will go round the back and bathe first and make sure that I wash down there good... and make sure that I scrub it clean.

> *she exits the bedroom*
> *storyteller softly wails while mudgu in a contrasting rhythm to the beat of "welcome to jamaica"*
> *she walks to the wash pan downstage left*
> *and puts the sheet in it*
> *she walks to the clothes line*
> *takes the rag off the clothes line and steps into the bathroom*
> *she turns the tap on and wets the rag*
> *she stoops down and scrubs away at her vagina long and hard with the rag*
> *mudgu dries herself*
> *now moving slightly to the beat of the song*
> *she washes out the rag and puts it back on the line*
> *she steps out of the bath*
> *puts the blue wash pan under the tap*
> *she begins to sing "welcome to jamaica"*
> *she fills the pan turns off the tap and sits to wash*
> *she washes the hem of her nightie first*
> *mudgu then begins to sing her own made up song*
> *on the storyteller's rhythm*

welcome to jamdown
where I have to wash out di damn spot
if I don't, granny get heart attack
end up inna hospital

wid a fat doctor bill
but we don't have no money to buy no pill
welcome to jamdo...

yes granny. no granny I am not singing dancehall this early in the
morning. it's a school song. *(to audience)* I can't even dj. *(thinking)*
school song, school song?

H-E-L-L-O
we are here to say hello from mudgu
mudgu is my name
wine-ing is my game
(she stands up and grinds on air mischievously)
I 'ave njoni on my mind
woopsie all the time
H-E-L-L-O
we are here to say hello from mudgu
mudgu is my name netball is my game
I have a gold trophy on my mind
woopsie all di time
H-E-L-L-O
we are here to say hello from mudgu
mudgu is my name
(she speaks with an exaggerated north american accent)
speaky spoky is my game
I 'ave CANADER on my mind
woopsie all the time

> she hangs the clothes on the line while she hums the rest of the
> tune. when done she calls out to granny.

granny i finish washing out the things. I going to get ready for
netball practice. yuh hear. *(she goes behind the sheet)* yuh hear
granny?

granny
> *(from behind the sheet with cigarette)* why you announcing me to the
> whole of whitfield town mudgu? you finish washing the things so
> fast? don't make i come and see no dutty clothes hang up on line
> you know. *(she emerges from behind the line, cigarette in hand)*
> mudgu you claim that you washed these dirty things? *(she walks over
> to the wash pan)* and look at the dutty water. you rinse the clothes
> them? you rinse them and the water murky murky suh. *(hisses her*

teeth) wash them again. yuh have netball practice? mudgu I don't business whether you have netball practice or football practice! you going to school to run up and down like bwoy pickney inna white shorts bout yuh a play netball. you think that is lady like? I could nevah tell my moddah 'bout I waan play at this time of the month, much less inside the yard washing in front of stranger. no brawtupsy. you try wash them again. *(she puts out her cigarette and leaves)*

mudgu bends over the pan then sits

mudgu

yes granny. *(she hangs her head in shame while her granny walks away. she walks back to the wash pan and washes once more)* I wish I was a bwoy. I don't know why greedy eve did have to disobey father god and listen to that wicked snake and eat the apple and now all of we must suffer because of her, including me. now look pon that. it deh pon the bed, and mi clothes, and everywhere nasty like somebody get shot or cut up. and what you all looking at? you never see somebody wash before? *(hisses her teeth)*

now mi definitely gwine be late for netball practice again. no practice no gold trophy. and *team captain* must be at every practice. that's what miss osborne seh. and guess who is team captain, miss latey latey. *(hisses her teeth)* I can't tell miss osborne why I am late. then everybody pon di team going to know. anyways it's not as if it don't happen to them. although you would nevah know. when auntie flow come is one big secret.

well me play better than the whole a them anyways. that's why I am team captain. not even inna basketball di bwoy dem can't touch me. although sometimes when it come, my belly hurts so bad that I can't play ball, and the boys dem get 5 or 6 or 7 days extra practice time, because they don't have it. I still play better than them. if yuh don't believe mi ask mi boyfr... *(she remembers granny and whispers)* ask my boyfriend njoni. him is the best baller pon the street.

him run *black bird sound system.* every morning dem wake up the neighbourhood wid one loud piece of music. njoni seh people should pay him because he is conducting a neighborhood service helping everybody get up early for work. even people who don't have no work, haffi get up to. *(she laughs)* granny can't stand him. seh his eyes always look lazy, because him smoke dat corruption and listen to pure slackness music.

all di girls dem seh him have dreamy eye. when yuh look inside dem yuh get lost like yuh inna one deep black bush. where anything can happen. when mi look pon him, him always tell mi to stop because *me* looking right through him soul.

well when me have my period I play better than even njoni. true they don't know it give me powah *(she makes muscles with her two fists)* whatever.

this can't clean. *(she inspects the sheet)* maybe I should mek it soak likkle bit. *(she hears granny yelling for her to leave for school)* yes granny I wash out everyting clean, I'm going to put the sheet to soak a little.

(she runs over to line and puts on her knapsack) ...no granny mi not going to be late for school. *(to audience)* mi definitely late. *(to granny)* granny school finish at 3:30 and I have netball practice until five... until 7 o'clock *(crosses her fingers)* ...mi not coming home when it dark granny... mi nah walk road side a nighttime like leggobeast... yes granny... granny I not bringing any belly with baby in here for *you* to mind. granny you know I have practice before and after school. please... mi going to come home right after.

scene 3

class to rass

mudgu walks to the 54 bus stop. it is 9 a.m.

while walking she does a short dancehall routine to the new song she has made up

there she waits at the bus stop for the 54 while still singing and dancing

mudgu

> lucky and bright lucky and bright.
> le le lucky and bright lucky and bright.
> iyai yai yai yai yai yai yaieee.
> iyai yai yai yai yai yai yai yaieee.
> Iyee yam a championite.

> but kuh yah! look pon dis ya bus line long from here to timbuktu. and it don't make one difference because when bus cum is

a stampede from here to spanish town. *(hisses her teeth then taps the last person in line to join the lineup)* excuse me. *I am a championite.*

I go to champion college. well is really campion but me and mi friend dem seh champion yuh get it? intellectually the best of the best attends my school. although granny always seh money have magic powah. but we don't have no money and no magic. is study I study my books and not man, except njoni.

I am the only graduate from new day all age school, in fact from the whole neighbourhood to go to champion college. everybody else come from primary and prep school. dem think dem better than me. *(gets pushed in the line)* lord god.

(waiting for bus) yuh see me granny who love shame people in front of people, mi live wid her here inna whitfield town. before mi used to live with my moddah and my step-faada in one nice rich people neighbourhood. but now my moddah gawn to canada. it's almost as good as foreign manhattan new york. well me tell all my friends that my moddah is in foreign. they don't need to know where exactly. mi soon gone join her. *(bragging and singing)*

my moddah gawn a foreign
where the good life deh
three months to wait before I can go 'way
new clothes new shoes brand new lifestyle
people will say

storyteller
she so hot she a boil

mudgu
inna foreign tings cheap tings nice tings right
(she whispers) girls don't soil up di bed
overnight
always tampax tampon instead
people inna foreign don't wait pon bus
dem have cyar and drive
and dem nevah line up!

scene 4

gone a foreign

pearson international airport three years earlier. in an immigration lineup

mother undergoes inTERRORgation

immigration officer
NEXT! I SAID NEXT! NEXT IN LINE PLEASE!
DOCUMENTS!
PURPOSE OF YOUR TRIP!
HOW LONG WILL YOU STAY IN CANADA!
HOW WILL YOU SUPPORT YOURSELF WHILE IN CANADA!
WHERE WILL YOU BE RESIDING!
ARE THEY OF BLOOD RELATION!
DO YOU HAVE ANY CHILDREN IN JAMAICA!
A DAUGHTER. HMMM. HOW OLD!
WHO CARES FOR HER IN YOUR ABSENCE!
DO YOU TRAVEL OFTEN WITHOUT YOUR CHILD! HMMM!
EDUCATION!
WHAT IS YOUR LEVEL OF EDUCATION MAAM!
DID YOU COMPLETE HIGH SCHOOL!
OH UNIVERSITY
WHAT IS YOUR PROFESSION!
SHOULDN'T YOU BE TEACHING RIGHT NOW!
DO YOU INTEND TO WORK WHILE YOU ARE IN CANADA!
HAVE YOU EVER BEEN DENIED ENTRANCE TO CANADA!
ANY MEATS. PERISHABLES. TOBACCO. ALCOHOL. WEAPONS.
GUNS. DRUGS!
ANY DRUGS!
MAAM PLEASE JOIN THE LINEUP TO THE RIGHT
THE OFFICER WILL CONDUCT A THOROUGH SEARCH
PRIOR TO YOU ENTERING OUR COUNTRY
NEXT! I SAID NEXT! NEXT IN LINE PLEASE!

scene 5

inna di bus

mudgu

why this bus taking so long. oh finally. *(recognizes what bus it is)*
watch here, is maximillion bus coming. this is the best bus on the 54
route. dem drive the fastest, tek the wickedest corners too. and they
play di latest dancehall tunes. di only thing though is di conductor
bwoy. him talk-talk talk-talk over the music, yuh can't hear it. and he
has a stutter. *(she giggles)* people call him stststamma.

> *bus arrives*
>
> *she squeezes her way onto it along with the other morning
> passengers*

excuse mi. excuse mi please. *(puts her knapsack in front)* ease off a mi
and stop crush up mi uniform nuh! *(holds on to the bus rail)* I only
speak like that at home. I am a champion girl now. my teacher says
that I am very lucky becuz a nuh whole heap of ghetto pickney who
guh school like new day all age get fi guh queen a england school like
champion college *(catches herself)* I mean I am fortunate to be
receiving a british heducation. with this I have the opportunity to
step up inna life and become somebody. *(the conductor accidentally
squeezes her)* yuh nuh hear mi seh fi ease off a mi!

bus conductor stamma

(to mudgu) bububus fare! mudgu whappen yuh dodododododon't
expect fin get squeeze innanana bus! tek a taxi den. ggggimme yuh
bbbbus fffare man. *(hisses his teeth and makes his way through the rest
of the bus)* conductor collecting bus fare! crowd a people mmmmi
ssssseh bus fare! *(taps a man on his shoulder then moves on)*

yow missa man. bbbbus fare! *(to other passengers)* bus fare bus fare.
(back to man before) chichichill out? pppay mmme. and ssstop
wworry bout mmmme. *(hisses his teeth and turns away again then
turns back)* whappen yuh dddddeaf ddddumb or bbbblind. bububus
fare. iiif yyyuh don't have mmmmoney dddon't tek bbbus. wwwwalk
iinssstead. now bbbus fare!

yoyoyoyow star. dis pussywhole iiiinna *(beats his chest)* mmyy
rararassclaat bus and ccyaan pay mi. yyyyow lllisten to mmme. iiii
dddon't care whwhwhat yuh du oooutside of my bus bbbut when you

on mmmmy ttturf is mmmme rrun ttings. sssseeee mmmi. mmmi iiis king. ssuh just listen to me aaaand money nnnow.

yow a trtrtrtry yuh a try didididisrespect mmman. sssttamma! aaaa sssstamma yyyyuh jus ccccalll me? *(looks around at bus, getting jumpy)* hhimmm jjjust cccall mi ssstttama. *(next lines are delivered in a frenzy as the conductor hops around looking for his cutlass)* tttarblack bbbwoy a cccall me ssttama. pussyhole mmmonkey a disrespect me. yuh mmmoddahh a guh bawl ffffi yuh tonite.

(he gets a cutlass from the side of the bus and aims at the man) tttalk now nuh pussyhole. tttalk now nuh. whe yyyyuh seh? bbbblooodclaat. *(he lunges at the man and cuts him)*

scene 6

queen nanny/warrior ogun and ire ekiti

the prior scene continues into this scene as the story serves two functions; here the bus conductor is the warrior ogun

twilight. jamaica 1730. ogun music is heard in the distant mountains. the iroko tree appears. queen nanny narrates the story of the warrior orisha ogun at ire ekiti, to her maroon village

amidst smoke and movement queen nanny's story comes alive accompanied by storyteller
storyteller blows abeng
queen nanny has her machete in hand

storyteller
  (sung) ase ohemma grandy queen nanny oh!

queen nanny
  ase! come and listen close nanny town koromante. story time oh.

one day warrior ogun was trodding in the forest of yoruba town, when he walked upon ire ekiti village festival, to see people dancing and feasting. after a long day's work in the forest, warrior ogun was very tired and very hungry.

unaware of the true nature of this great celebration ogun proceeded to ask the villagers whether he could partake of the wine, for he was thirsty. he asked them if he could partake of the food, for he was hungry.

each villager responded with silence. warrior ogun asked again and again and yet again. each villager looked away, still in silence. soon after he became enraged at the grave disrespect. he proceeded to slaughter the village…

after killing everyone he stood and observed the wrath of his fury; his legs anchored in a riverbed of black blood.

a womban passing by asked warrior ogun what had happened? he told her the story of dishonour. she placed her head in his buxom and wept.

she told warrior ogun: the villagers of ire ekiti town meant no disrespect. they were celebrating oriki in your very honour. warrior ogun, you know that this festival is observed in absolute silence. *(womban dies in ogun's hands.)*

he realized he had slaughtered his own innocent people. the blood of his sisters and brothers possessed his hands. his sword. deeply saddened and ashamed warrior ogun fell upon his blade and was received into the darkness of the earth.

ogun cuts his own throat and falls to the ground

storyteller blows abeng

storyteller
ase queen nanny story time time oh.

queen nanny
ase!

ti! we must use our fire energy wisely. we of di akan. di fanti. ibo, yoruba, di ashanti and all di oddah nations they gather together. here we are one blood—koromante blood.

it is now six full moons since di last battle with the red coats. bakra massa know he cannot defeat us so he go look for anoddah way to stop our freedom. more and more are leaving the slave plantation to live here with us; free in the blue mountain top. and he don't like that. cudjoe say bakra massa want us to sign peace treaty oh.

di treaty say: when yuh sistah o broddah run away from di plantation, return dem to bakra massa dead o alive. but is not one time monkey want wife. if we start to kill each oddah for bakra massa today, we guh kill each oddah tomorrow and di day after dat. and when bakra massa nuh longer dere? hmmm!

koromante we nuh guh sign.

> *storyteller blows abeng*

we guh fight!

> *storyteller blows abeng*

we nuh guh sign no treaty!

> *storyteller blows a conch shell*

we guh fight. our blood is our life!

> *storyteller sounds the abeng*
> *smoke clears*
> *tree disappears*

scene 7

school fool

> *mudgu is on the ground shaking frantically. cutlass beside her. she checks herself*

mudgu

mi get cut? mi get cut? no? no mi nuh get cut! tank god. tank jesus. jesus tank you. tank you. you see dat conductor bwoy. him cut up half of the di bus yuh know. how you could be swinging with a machete like that in a bus full of people for one bus fare. di womban beside me get cut. the little bwoy get chop pon him hand. di dread get a lash inna him face. I must be the only one don't get cut.

but look pon mi uniform. it all over mi white blouse. and there is no way dat bleach can get out this stain. no way. granny gwine surely have heart attack. I can't go to school looking like this. everybody will laugh at mi and probably think the violence happen in whitfield town because *every violence* happens in whitfield town.

no wondah my school friend's parent's dem won't drive me home from school. because they afraid gunman kill them or they get chop up or something. and they don't invite me to their house either. dem think dem *'igh class.*

mi live right beside rema, jungle, trench town, spanish town road, and tivoli to. yesterday when mi did a cum home mi see one oomaan get kick up kick up inna har stomach. and me did feel bad inna mi belly. and mi couldn't move. and last week carter shot one bwoy. and dem him guh ovah him fi kill him and di gun did stick. suh him nevah kill him. njoni tell mi bout dat sunday night. yuh nevah know what is going to happen. that's why yuh have to protect yourself.

she glances down at the cutlass, checks if anyone if looking, then quickly slips it into her knapsack

scene 8

boyfriend and girlfriend

njoni black, cool and deadly, smoking a spliff

he is interrupted by a knocking on his back fence

mudgu

(knocking) njoni! njoni open up! njoni open up nuh!

njoni

yow is who dat beating down my fence? *(he gets up and checks)* mudgu!? what you doing here? *(sees blood)* my girl yuh get shot? somebody shot yuh? who shot yuh? ay mi a guh kill a man for this yuh know… yuh don't get shot? den why yuh school uniform look like dat… bus fight?… *(still checking her)* yuh sure yuh nevah get shot… come een nuh.

(switches gear) yuh sure yuh don't get hurt. cause me will kill for you yuh know, my dream queen. suh what, yuh come to spend the day with me? cho. why don't you take off your dirty clothes and mek me put some clean clothes on you? *(he laughs)* …a true. she definitely wouldn't appreciate you wearing my tings. *(playfully)* yuh must have a wound somewhere man, come let me check to make sure… come nuh star…

(looking into her eyes) stop look inna mi eye like dat man. *(turns away shyly)* what you looking for. you lost something in there. yuh can look in my eye now but when me and you wrap up tight tight yuh always close yuh eye. yuh know mi mean to ask yuh dat. how come yuh don't look pon mi whenever we doing it? me always looking at you. sweet mango face. mudgu me can look at that face fi di rest of my life. mi want our dawtah fi have your round blacky mango face mudgu.

blackbird sound system soon be di number one system and me and you and our youths dem ago travel all over di world to 'merika and england and japan, play di wickedest reggae music. what yuh seh mudgu? me love yuh like cook food my girl. come here mek mi rub yuh likkle bit… see if yuh have any cuts under your skirt or under your shirt… *(he playfully holds her)*

mudgu

(rubbing her belly) sweet mouth njoni. *(looking at her ring)* mi moddah used to rub my belly like that and sing *groovy*… you don't know *groovy*?… *groovy here I am come rub it pon mi belly like a guava jelly*…

you love me like cook food. what kind of a cook food exactly? tough yellow yam or sweet ripe plantain wid irish mosh?… that's why they call you sweet mouth njoni black… yuh too sweet mouth… *(she laughs)*

and mi nuh waan guh nuh japan. mi look like japanese? but mi always did want to go to afrika. mommy tell mi dat mi great granny people dem come from di west part. mi would like to visit and see mi long time relatives dem… stop laugh… mi serious… if you carry mi to afrika, den maybe I will think about going to japan with you…

me and you can live all over di world njoni? and be like *stone love* or *metro media* sound system. *(she motions to the storyteller to wheel and come again. a series of dancehall sound effects play through her toasting)*

wheel and come again selecta
we have blackbird sound system representing
for di yardies in japan
big up to di japanese
yuh dun know seh you is di wickedest jamaicans
outside of jamaica
we want to welcome to di dj microphone
di number one selecta guy
whe dem call him
sweet mouth, dreamy eye, mr. njoni black
and accompanying mr. black
all di way from whitfield town kingston 13 jamaica
dis year's reigning queen of di dancehall
none oddah than champion bubbler mudgu black

storyteller

> ...and har man njoni black
> want a reggae dance dem yuh fi call
> blackbird sound pon di attack
> welcome di queen of di dancehall.

> njoni black and him girl mudgu black
> blackbird sound pon di attack
> want a reggae dance dem yuh fi call
> welcome di queen of di dancehall
> welcome di queen of the dancehall
> welcome the queen of the dance...

> *storyteller pulls out music*

mudgu

> *(dances with njoni. he tries to touch her)* no! don't touch mi dere...
> because... because... mi don't feel like doing that today... cuz mi
> belly hurting mi a little... no it's not because of yesterday. that was
> nice... if it did hurt me I would tell, like the first time, remembah...
> no man, today mi just not feeling di vibez fi dat, plus the bus this
> morning and mi belly... I don't want *your* vibez... how yuh suh
> stubborn... of course mi love yuh... *(pause, she switches attention to
> the new spliff njoni has rolled)* beg yuh a me a draw off of yuh spliff
> nuh.

> *she takes spliff from njoni and tokes. bass plays a tune. mudgu
> smokes and winds to the music like a pro. she sings:*

storyteller

> gimme di weed.
> good ganga weed.

mudgu

> smoke it red.
> until mi eye bleed.

njoni

> *(takes spliff back from mudgu and tokes)* suh my girl why the change
> of heart? what yuh afraid something is going to happen to yuh.
> mudgu yuh know already dat is me and you fi a lifetime. me will
> tek care of my princess. my girl cyaan breed and I don't rise to di
> occasion like a big black stallion... your stallion mudgu. suh don't
> worry bout nothing zeen.

njoni
photo by Aviva Armour-Ostroff

(njoni tries to seduce mudgu. he speaks softly under his breath) sweet
blacky face mudgu. come nuh my girl. how yuh a gwaan suh. just
mek mi...

> *he feels her pad and realizes she is bleeding. he pulls away quickly*

yow what's that? pad?... what yuh have your tings today?... but yuh
nevah have it yesterday?... so why you didn't tell me star. and make
man a put their hand inna, inna inna... how yuh mean, inna DAT!

and yuh know your something is here and you touching my
microphone and my stereo, and my 45 dub plate record dem *and
my ganga* star. oomaan not suppose to touch up dem tings when she
have her business rasta. cho. mudgu you know mi real check fi yuh
but you should know better than dat man.

although my brethren maaga man always tell me seh when oomaan have dem tings deh is like dem get a, dem a funny brain like. yuh feel alright?

and watch dere now man, it deh pon mi hand dem… wash my hands? man and man not even suppose to be in contact with them impurities man. yuh suppose to keep to yourself to yourself during dem times. rasta. cho.

mudgu

(in anger and confusion she searches for the words) yuh going on as if is the first time that catch pon yuh hands. *so* so so you can touch up mi soil up uniform but you can't touch me. and and and last month when you and steve get into dat fight it was all over you. and which part you think you come from anyways? out of your moddah… mi nevah seh anything bad bout yuh moddah. anyways did first time we do *it* you never did have a problem with *it* being on *you*. *(hisses her teeth)* hypocrite.

scene 9

blood pon blouse

mudgu

(on her way home) dyam idiot. him suh fool fool some time. if he think he is going to be my boyfriend for long with that attitude him better think again. it's not like I have to have a boyfriend. I have netball and my mother is in canada. I won't even be here for that much longer. anyways. *(she looks up to see granny staring at her)* oh no granny saw me. *(she tries to hide)*

granny

(shouting from across the street) mudgu!? mudgu! I see you already suh don't hide. mudgu what you doing coming out of the black's yard. you have something over there? come home right this minute! *(she paces and grumbles as mudgu walks over)* we cum an bear di children dem an we try grow dem propa. mi try wid har sah. mi try wid har. mi know mi nuh 'ave much fi offer. but everyting mi 'ave mi give har. yuh see it sah. everyting mi 'ave mi give har. and now this likkle pickney suppose fi be in school she a come from man yard inna middle day.

mudgu *(sees the blood on her)* jesus christ chile what happened to you?! *(she spins her around checking for wounds. we see granny's undeniable love for her granddaughter)* yuh alright? yuh get hurt? eeeeeh mudgu? somebody hurt yuh? njoni hurt yuh? lord jesus christ come chile, come mek we go straight to the hospital. where yuh get cut?... yuh don't get cut? no? *(her mood changes)* so why yuh school uniform looking like that? eeehhh!?... then you see people fighting in the bus and standup in their way? you think that was wise? what if yuh did get hurt? what would I tell yuh moddah?

so you didn't go to school today? then mudgu why you didn't come home and change you clothes and go back to school? and why yuh coming from over njoni black house? and don't bother tell me no lies yuh know... *(smoke)* passed by to say hi? yuh can stay from right here inna your gate yard and say hello to njoni hello njoni... right here. look how many 54 buses running pon maxfield avenue mudgu? it don't take 3 hours to catch one of them... bus tek long? mudgu nuh tell mi nuh foolishness. *(holds cigarette in her mouth)*

cum here cum here cum here. mi seh fi cum here *(she grabs her closer then lets her go)* i notice seh from di oddah day yuh a walk from down di road instead of up sweatnam. i tell yuh not to go over to njoni yard. mudgu i don't want you to bring any baby inside belly in here yuh know. go and take off the dirty uniform and wash it.

(to audience) jesus dis likkle pickney. *(to mudgu)* I am sending you over to your auntie yard again, since dat is di only way to keep you away from this njoni bwoy. *(mudgu begins to complain)* tch tch tch tch tch... hmmm-hmm you didn't know that your belly was hurting when you was gallivanting out at road wid man... yuh going ovah to your auntie house. now wash out yuh uniform and pack yuh bag. *(throws her cigarette down and walks away)*

mudgu

yes granny. I have to go over to auntie house again. mi belly biting. *(she rubs her belly and remembers her mom)* mommy my belly hurting. come rub it for me.

scene 10

mudgu's first blood—guava jelly

jamaica three years earlier at mother's house

storyteller

come rub it pon mi belly like a guava jelly.

she closes her eyes and rubs her belly

mother

mudgu what is it? I have a lot of work to do today. and what are you doing in the bathroom so long. *(sees that she has her period)* my baby girl is old enough to get her first period. I just finished changing your nappy and already you are 12 years old. thank god this come before I leave. I was meant to be here mudgu. you are growing up so fast.

mudgu you know that with this gift of bleeding also comes the gift of creating life. if you choose that. that is a lot of responsibility you know. life creashun is a powerful ting. you know in my time our biggest fear was getting pregnant. but nowadays there is also all kinds of tings to catch, like hiv. so promise me you going to respect your menses.

...yes I had you at fifteen but I was a little young to raise you properly. thank god mama was there to give me some guidance and some babysitting. *(she laughs)* mudgu I leaving you with her and I want you to be good. promise... alright?

now what can we do to celebrate this occasion? of course yuh can celebrate, enjoy yuh blood. yuh know how many womben all ovah di world do different things wid dere blood. some use it to water plants... no it does not kill-off di plants. it make them grow big and nice. smart mouth. some womben use it paint... big picture pon canvas. I even read that in australia, di aboriginal people use the blood-clot to heal their wounds... I did not swear. they actually put clotted pieces blood in the cut and it heal faster.

but what you are talking about is blood-claat... yes now i swear. but that word didn't always mean that you know. back in your great grandmother's time. miss thomas. you remember her? well she was a maroon, come from the west part of afrika, the maroon women would use pieces of old towels, or fabric, or piece a claat as we say, when they had their periods. they would bleed into these claats and wash them and reuse them… hence blood-claat.

yuh know I even heard that that same blood-claat could use to do obeah… magic, if the maroon womben thought they were in danger, they would do things with the blood to protect themselves and di whole community up in di blue mountain top… mi not sure what kind of magic. mi look like obeah-womban… I don't know how it turn into a curse word… no don't you go around talking bout blood-claat, blood-claat in front of granny and tell her that mommy said you could say it. smart mouth. yuh belly hurting yuh. that's one of the things that come with it. come. wait. *(she takes an old piece of majestic cloth)* you know your great grandmother gave this to me. she say it older than when god was a oomaan.

mudgu
god was a oomaan!?

mother
suh dem seh! long time ago. I think is time you have this. *(she gives her the cloth)* come, come out of the bathroom come go lie down, and make mama rub it pon yuh belly…

storyteller
…like a guava jelly.

back to present day

granny
mudgu yuh ready to go over to yuh auntie house?

scene 11

auntie house

auntie puts on her church hat

storyteller
(sings church hymn)
what a mighty god we serve
what a mighty god we serve
angels bow before him
heaven and earth adore him
what a mighty god we serve

auntie

hello there miss mudgu. yuh growing so big. pretty soon I cyaan recognize yuh. how mama? good. so yuh giving her trouble again why she send yuh ovah here, dat njoni bwoy again. oh no.

mudgu i tell yuh once I tell yuh twice, jesus don't like liars you know. yuh know jesus died on the cross for your sins mudgu. only the blood of jesus can cleanse us when we sin. how yuh going to find the heavenly father if yuh don't behave yourself and act like a proper young lady.

and mama tell me that you seeing your menses and that you are not being very ladylike about cleaning up after yourself. but let me tell you something, in the future no good man worth keeping wants a woman who don't know how to keep her womanly business clean. you hear me. so make sure you do better than that.

for now keep yuh eyes on god and on yuh books. tonight before you go to bed I want you to say a special prayer thanking jesus for dying on the cross for you. because of jesus's divine blood shedding hallelujah, (she catches the spirit), your sins mudgu have been cleansed. I want you to ask him, the man above you mudgu, for forgiveness.

stop wrap-up wrap-up wid njoni. if yuh lie with dogs yuh shall surely rise with fleas. alright? anyways. mi glad yuh here.

how long mama want yuh stay? a month. well stay as long as you need to. now mi haffi leave. church has devotional meeting in fifteen minutes. stay inna di house and don't open di door for anybody. your uncle has his key.

mi mek some yam and banana and chocho wid ackee and salt fish. and one banana chips inna mi bag mi market bag fi yuh. yes mi know seh a yuh favorite. did you get homework? well get to it. i soon come back. and mudgu don't forget to pray.

storyteller

(sings church hymn)
what a mighty god we serve
what a mighty god we serve
angels bow before him
heaven and earth adore him
what a mighty god we serve

auntie
photo by Aviva Armour-Ostroff

scene 12

chile of a lesser god

stage is black
feet step
door knocks
voice whispers

uncle

mudgu. mudgu. open the door. yuh know is who. open the door nuh
for me nuh mudgu. *(sterner)* likkle girl yuh nuh hear mi seh fi open
di door. alright then *(keys jingle. lock turns. door opens and closes)*
hey mudgu. why yuh treating me like that leaving me standing
outside for so long. I miss you enuh.

yuh auntie tell mi dat yuh staying ovah here for a while this
time. did you miss me mudgu? she say dat yuh have bwoy friend.
I thought I was your only special friend? all these years and now you
want to come and disrespect me bout yuh have bwoy friend.

come here. come to me nuh. I have something for you. what yuh
seh? *(hisses his teeth)* you think dat is going to stop me? that's even
better mudgu yuh won't get pregnant. now come here nuh. be

a good likkle girl and make your uncle happy. mi seh to come here.
AAAAAHHHHHH!!!

flash of lighting
shimmer of blade
scream of pain

lights up
mudgu on her knees praying

mudgu
pray mama
pray papa
pray to god
and bless me
to make me
a good *(she pauses)* girl
for ever and ever amen

scene 13

blood-claat obeah

jamaica 1731. twilight. OYA music is heard in the distant past. the iroko tree appears

storyteller drums a complementary rhythm to the music

queen nanny removes a blood-soaked piece of cloth from between her legs. she wrings it out in the pot that is brewing. then she stirs the cauldron with her machete

she chants and tastes the brew occasionally to see if it's ready making prayers to the goddess OYA storyteller blows the abeng

queen nanny
OYA a-su-jo ma ro
OYA-a-su-jo ma ro
full moon moon full i calling di blood
from deep within to deep without
come into nanny's pot so sweet
macungo river stony river meet

blood soaked claat
make raging rivers of this stew
to fill each redcoats lungs and heart
with fire from nanny's bloodclaat brew

oh ancestors help us now
your children of nanny town are under attack
we will never surrender our life our blood
we will drive the british back

oh raging wind I call your name
gate keep as bakra massa crosses the plain
from here to hereafter
never again
must he try to defeat us

one by one soldiers come
one by one sound the horn
(storyteller sounds the abeng)
one by one bullets fly
one by one a soldier dies

ancestors your children are under attack
but we will drive the british back
down from blue mountain top
through the river's bed
koromante will know true victory
for this my blood sheds…
(she tastes the brew)
ready
(softer)
and OYA this I ask of you
keep my little sister safe and strong
blow her a wind to her try freedom anew

   the abeng blows

scene 14

eye for an eye

daytime. storyteller sings the church hymn: ...heaven and earth adore him. what a mighty god we serve.

auntie flips through the pages of the bible until she comes upon exodus 21 verses 24-25

auntie

exodus 21 verse 24-25 "eye for eye, tooth for tooth, hand for hand, foot for foot. burning for burning..." oh lord what does this mean, my husband getting his hand practically chop off by some raving lunatic at his work place? *(sees mudgu enter)* praise jesus mudgu, the doctors say they going to try and see if they can reattach your uncle's hand but they are making no promises. *(she begins to pray)* oh sweet father in heaven take mercy on my husband. mudgu help me pray. he is a good man lord and deserves your love and kindness amen.

I have to stay with him in the hospital for another seven days or so. they put him under observation. so I have to send you home early. tell mama what happened and that I will come and explain later.

I hope that the next time you come ova here, it will not be because you a gwaan wid foolishness bout boyfriend dis and boyfriend dat. behave yourself. study yuh book. and you will have plenty of time to think bout man when you married.

remember only in the sanctity of marriage did god permit sexual relations. for the time being, keep god in your heart and studies on your mind. put dat njoni boyfriend business aside because if you lay with fleas, you rise with dogs, I mean if you rise with dogs, you lay with fleas. no I mean... you know what I mean. I warn yuh. god warn yuh. but sometimes di devil get inna yuh like hot blood a boil water. so watch yourself. and mudgu when you pray tonight. offer a little prayer for your uncle too. he has been so good to us.

storyteller sings church hymn

mudgu puts the hat on the altar

scene 15

njoni dead

daytime. mudgu arrives home

mudgu

granny I come back from auntie house early. uncle had a accident and auntie said to tell yuh… *(several gunshots are fired)* a what dat? *(she panics)* granny? granny yuh here? where is granny?

> *several more shots are fired. mudgu gets flat*
> *she slowly peeks her head up and looks through the window*

but what really going on? crowd over njoni yard? where is granny? *(mudgu sees pearl. whispering)* pearl johnson can you come here for a minute please. did somebody get shot over miss black's house?

pearl johnson

I never see what happen… but when me was walking by me hear one lady say to another lady that it was two of them go in on him. they wrap a towel round his head. so nobody would hear and shot him dead two time… because he wouldn't sell weed for them… you should see the amount of blood. sickening. poor miss black.

> *she removes a bloody marina from njoni's door*
> *she walks over to the wash pan and tries to wash the blood clean*
> *her pain is silent*

scene 16

cycles

> *months have passed*
> *mudgu's missed three days of school*
> *she is nauseous*
> *she vomits at the stand pipe*

mudgu

yes granny… no granny… granny I can't guh to school today again. my belly hurting mi and I'm still vomiting out di food… no granny I nevah did no nastiness… no granny… no granny I am not pregnant. granny please don't tell mommy that. she is on the phone. but it's not true granny… I am not pregnant.

> *she rolls over in pain*

mommy I am sorry. I know you warned me. I am so so sorry mommy. but where are you? in foreign living nice life. if you was here dis would never happen to me. dis wouldn't happen. hello mommy?

scene 17

mama's story

mother

mudgu sometimes we make choices sacrifices that are worth it and other times not.

it's time I told you where your name comes from. yuh know when I was growing up we always heard in school about our national shero queen nanny but it was really yuh great grandmother who told me this part of the story.

the story goes that nanny and her younger sister named sekesu, both princesses from the ashanti nation were captured as slaves, brought to jamaica, sold on the auction block to different bakra massas they were ripped apart.

on their way to the plantation, nanny fought boldly with her captors for freedom and escaped. she was determined to not live as a slave. she ran through the bushes, across the rivers, up the hills, to finally settle on the blue mountain's top. there she became leader of the windward eastern maroons.

her sister sekesu tried time and time again to escape. on her final attempt she ran off the plantation, through the bushes. she ran and she ran and she ran but she didn't get very far; she was running with a newborn baby.

sekesu stopped to rest by a rock when she heard bakra's dogs near by. she stayed still while they passed. her baby began to cry. she could not hush the child's tired hungry wails. bakra massa was alerted and chained sekesu and her child back to the plantation.

after that she never tried to escape again. never having been reunited with her sister nanny, she lived and died in slavery.

the child however. the child grew up with a thirst for freedom. fattened on the warrior stories, the child vowed to break the cycle of bondage. soon after sekesu died, the child poisoned bakra massa and his entire household with an old taino indian recipe that corrodes the blood; then ran away to the mountains to be reunited with kin.

that child was called mudgu.

you know they say we jamaicans are descendants of nanny and sekesu. you know what that means mi daughter? you are a direct descendant. remember great granny. you have the guidance and protection of all the ancestors. you come from strong line mudgu, and it can handle anything that comes.

scene 18

blood truth

granny

mudgu. I don't know what your moddah have to seh bout dis you nuh, but if she not coming from foreign to look after you, you going ovah miss black yard suh dat she can take responsibility for di belly, because I not doing it. *(she goes to the line and takes a cigarette)* …listen I talk to miss black already and I tell har dat I am bringing you ovah dere, suh put on yuh clothes.

(to herself) lord gawd yuh si mi dying trial. fifteen years old and pregnant. why lord. fifteen years old and bring belly inna mi house. all of whitfield town know mi shame. i cyaan put mi face out at maxfield avenue. like moddah like daughter. mudgu yuh suppose to do different. *(shifts attention to mudgu)* why you wouldn't listen to me mudgu? *(very hurt)* yuh wouldn't listen to mi.

when yuh moddah get pregnant wid you at fifteen *(to audience)* what I do? what I do? mi raise di baby. when me get pregnant wid your auntie at fifteen, my moddah put me out at di house. you know what I sending you ovah to yuh auntie house. yuh moddah should have left you wid har in the first place. because she is the only one who can talk sense into yuh.

mudgu yuh don't have a choice. pack up your things I carrying you over to your auntie house so she and her husband can take care of that baby belly… I say yuh going… what yuh mean you afraid of uncle chile…? what you saying…?

mudgu
photo by Aviva Armour-Ostroff

jesus heavenly faada up above! forgive di chile faada! forgive di chile!
(to audience) you hear dis yuh wicked lying evil pickney. devil get
inna yuh gyal!? mudgu what would mek yuh tell such a vicious
wicked lie pon yuh uncle. why mudgu!? why!? why such a wicked
lie!?

> *mudgu tells her she chopped off uncle's hand*

you what?!… you did what?!… *(drops the cigarette and drops to her
knees)*

(she realizes that mudgu is telling the truth) no no no no no no no no
no!!! woeeiii!!!! mi moddah miss thomas. mi moddah mi moddah
mi moddah!!! mudgu woeeeiii. mudgu mi grand pickney. forgive mi
mudgu. forgive yuh granny oieee!!! oh mi moddah miss thomas. nuh
mind mi chile nuh mind. come come come.

> *she holds mudgu and moves with her to the ground down centre
> stage*

nuh mind mi chile. we going to take care a yuh mi chile. come. come
mek granny hold yuh. oh mudgu mi believe yuh. mi believe yuh
mudgu. mi moddah boyfriend charlie used to fool round mi and mi

never tell mi moddah cause mi thought it was my fault and that mama wouldn't believe mi. but me believe yuh mudgu. yuh chop off his hand.

mi precious grand dawtah mudgu. don't you worry. yuh granny have me. and me have yuh moddah. and yuh moddah have you. and now you going to have yuh own. don't worry mi chile.

scene 19

katta-a-woods—death and rebirth

jamaica 1732
twilight.
the sound of utter confusion is heard in the distance. war is upon nanny town

storyteller

ohemma—queen moddah nanny

queen nanny

koromante! bakra massa red coats fighting hard to put again shackles on our hands. shackles on our feet. shackles on our spirit. he coming for nanny town now wid his guns and fear and old niega helping him. he shooting, raping, killing and maiming. bakra massa taking nanny town oh.

storyteller

(wails) nanny town fall oh.

queen nanny

(to storyteller) no! *(to koromantes)* no! dis bloodline is di old womban wid many children. when one fall, a new warrior is born. koromante! we guh start anew in golden river, snake river, and negro river. in the foothills of di john crow mountains on di wayside of di rio grande. we guh plant and grow and reap and sow inna di great plantain walk across di hill from katta-a-wood. *(sees that morale is low among her koromante)*

I know koromante it is a long time now we in dis new land fighting. but remember, if yuh want good yuh nose haffi run. our ancestors before us sacrifice their blood for us. we are di children of our foremoddahs and faadahs sacrificing our blood for our children.

our children will sacrifice their blood. it is only by dis ritual koromante, our children children children will be free.

>*storyteller sounds the abeng*

scene 20

new life old blood

>*storyteller plays congas softly in the distance*
>*and mourns an ancient song*
>*mudgu standing over the wash pan gives birth*
>*rhythmic pattern and volume of drums increase with birthing*
>*storytellers sings in a wailing pattern throughout birthing process*

granny

come chile, yuh have to push. push as hard as yuh can. push mudgu. yuh granny right here with yuh. ppppppuuuuuuuuu......

mudgu

...uuuuuuuushshshshshshs. granny I pushing... I pushing granny... *(she goes through a ritual of sounds, grunts, mourns, pushing and giving birth. she gathers the red cloth that is in the wash pan)* puuuuuushshshs... puuuuuushshshshs... puuuushhshshshs aaaaahhhhh... *(a child is born. mudgu cradles the red fabric)* granny, granny look at her. *(she shows the baby to granny, then brings her back to her buxom)* granny we can call her sekesu? *(she looks back at her granny then back at the baby)* sekesu.

>*mudgu cradles sekesu close*
>*abeng blows*
>*iroko tree appears*
>*storyteller's wail fades*
>*lights fade*

>*in the black we hear the words of an old popular reggae song ("One Blood" by Junior Reid) pierce through*

>*the song plays throughout the curtain call*

>*...the beginning*

post show

blood

post show music "blood" (inspiration for play)

blood blood blood blood.claat
blood blood blood blood.claat

living inna time/where di blood is marketable
like di rest of my body/everyting is sellable
toxic shock syndrome/proctor gamble
chlorine bleach pad/suck blood mi nuh have

lurking culture vultures/a siddung pon di shelf
legalized pimping a mi cunt and mi blood
wid or widout applicators/wid or widout wings
brands a b c and d/don't give a blood.claat bout me

yuh evah notice/see dem pon tv
kotex tampax always or maxi
dem nuh use red/a blue dem use instead
and i'm wondering from where di shame/around my cunt came
from
like a covert operashun/more than half di populashun bleed

we used to have nuff nuff nuff nuff blood ritual
where oomaan come togeddah/and bleed inna di land
but now di blood naw flow/where did the rituals go
manufactured shame/designed to keep me inna chains

I bleed
five nights of bleeding/blood inna mi eye
five nights of bleeding/blood inna mi head
five nights of bleeding/blood inna mi womb
five nights of bleeding/blood inna mi cunt
five nights of bleeding/blood deh pon di ground
and when war come/whose blood run

brixton/railton road/rainbow/blues-dance/telegraph
like rivah blood just a flow/ wid blood liberashun have a chance
grenada joburg haiti
slavery ban mi belly and bleed/ ban mi belly an bleed
one century two century three century four/ five century overboard
captivity no more for she a come

blood fi wash yuh hate away/ blood fi wash yuh rape
blood fi wash di pain away/ blood fi wash di slate clean
blood gwine guh tek yuh/ blood gwine guh tek yuh

I bleed
why wi teach young amazons/to hide di fact dat
aunt flow come once a month/and she's a setback?
don't talk about har too loud inna public
be careful not to get CREASHUN pon di toilet
watch out yuh might get some CELEBRASHUN pon di chair
don't stain di sheets wid yuh LIBARASHUN
nor di streets wid yuh REVOLUSHUN
young black bush oomaan/nuh birth a nation

young black bush oomaan walking around
no-one knows har name
she's feeling demonized/dehumanized/disempoweredized
she needs to deprogrammize
close har eyes/and feel inna di darkness
di deepness/di wetness/di redness a blood
I bleed

and when she comes to me once every month
she brings positive vibrashun wid har ciphah
no doc mi nuh waan nuh tylenol/no midol/no advil
no spirit killers to numb dis healing
jus gimme red raspberry tea
and i'll be tranquil
right now she universe is communicating
I am elevating
surrendering myself to she gawdess within

ancient moddah spirit is calling
if I were in di bush/I would be bleeding
in di earth
watering har body wid mi healing
but mi live inna di shitty
no pad no tampon no liner no towel
no oppreshun/sheets well bloody
bleeding pon di bed instead

I bleed cuz i'm a warrior
amazon dawtah of yemoja

I bleed becuz di blood of di moon
di blood of di earth/di blood of di wind
di blood of di rain/di blood of di sun
makes me mawu: ancient afrikan gawdess divine who creates all life
black bush oomaan

sangre

ashé primera madre ancestral
a la reina nanny y su hermana sekesu
para mi bisabuela miss thomas
mi abuela theresa
para tía nezi . tía cherry . tía dawn . tía bev . y tía dawn
mi madre anita
y mi hermano johari y mi hijo moon

para raphael
quien tiene una sangre sin moribundo
para mi

y para gryphen
te quiero

esta línea sanguínea es la mujer vieja con muchas hijas
cuando una cae otra guerrera nace koromante

Las Dialécticas de la Sangre
Introducción de *Sangre*

Por Klive Walker

Sangre insiste en que confrontes cualquier temor, duda o aversión que le tengas a la sangre. d'bi.young, la guionista, nos dice en algún lugar de este libro, que la sangre derramada por medio de la violencia es sangre de muerte, mientras que el periodo de la mujer es sangre de vida. De esta manera young nos recuerda que la sangre tiene muchos significados sociales. En la obra, young conecta la sangre—particularmente la sangre de mujer—para parir, la pubertad, la menopausia y la muerte. Ella radica esta conexión en la experiencia Africana-Jamaicana para demostrar el rol de la esclavitud en el modelo de la condición actual de la(o)s Africana(o)s-Jamaicana(o)s. Entonces, ágilmente, extiende la metáfora de manera que la sangre de vida es transformada en un arma para la liberación de las mujeres. Inclusive, la palabra soez Jamaicana adoptada como el titulo de la obra (***blood**.claat versión ingles*) está desarraigada de su carácter de profanidad. ***blood**.claat* ya no es simplemente un término de derogación o ira que lleva consigo una connotación negativa de la sangre.

La obra trasforma esa expresión en algo positivo y afirmante para nuestras vidas. Aquí, young hace una travesía dentro del territorio lingüístico del finado superestrella del reggae Peter Tosh, quien estaba convencido de que algunas palabras soeces jamaicanas poseen características espirituales y sanadoras. El escribió y grabó una canción llamada "o bumbo claat," lo cual literalmente significa *trapo de culo* o *trapo púbico*. Metamórficamente su significado puede ser interpretado como el poder espiritual de la biología femenina. Es un poder que young invoca, desde el punto de vista de una mujer, mediante el uso del blood claat menstrual.

young ha aseverado que ella es ante todo una poeta-dub porque esa descripción personifica su trabajo como actriz y guionista. Su personalidad artística de triple-encanto continúa una tradición establecida. En algunas maneras la poesía en dub puede ser vista como un arte dramático diseñado para propósitos de actuación en lugar una forma anticipada para el papel. La mayoría de la(o)s poetas dub originales incluyendo a Anita Stewart, la madre y principal inspiración de young, entre otros pioneros de los setentas como Oku Onuora, Mikey Smith y la dotada Jean Binta Breeze, desarrollaron el aspecto de la actuación en su arte en el Jamaica School Of Drama. No es sorpresa que algunos poetas dub aplicasen sus talentos al escribir obras y actuando. Desde luego young no es la primera. Se posa sobre los hombros de artistas como Jean Breeze y ahdri zhina mandiela. Breeze ha escrito guiones para la televisión británica incluyendo la película "Hallelujah Anyhow." mandiela, una poeta dub talentosa, es una directora de teatro y coordinadora de festivales de teatro reconocida en Toronto quien ha sido la mentora de young. young, sin embargo, no está únicamente continuando una tradición. Ella está utilizando sus dotes para redefinir la estética de la poesía y el teatro. Ella representa una nueva generación explorando maneras innovadoras de contribuir a una nueva era para la cultura del reggae.

La poesía dub de young, aunque emana de los orígenes del reggae roots, incorpora el reggae dancehall, hip hop, punk y la música latina, a diferencia de algunos otros poetas cuyos versos en dub están restringidos por la adherencia dogmática a una sensibilidad hacia la vieja escuela congelada en el paradigma de los setentas. Este enfoque y deseo creativo por la innovación es también empleado en *sangre*. La obra ofrece escenas históricas que involucran a una mujer llamada Nanny, posiblemente la líder mós militante e inflexible de la rebelión de esclavos en jamaica durante el siglo XVIII. Esas escenas sangran una perspectiva y un contexto mas amplios dentro de la narrativa principal del crecimiento de una adolescente llamada mudgu y sus relaciones con una variedad de individuos de su humilde comunidad de clase trabajadora, en particular los lazos complejos con su madre, quien ha emigrado a Canadá y su abuela con la que vive en Kingston, la capital de Jamaica. La técnica que liga las tribulaciones de mudgu a las luchas de Nanny significa mucho mas que solamente la conexión entre una Africana-Jamaicana de hoy en día y con su ancestra de hace trescientos años en el pasado. Presenta un linaje sanguíneo que bombea al corazón pulseando un cuerpo de experiencias que incluyen las luchas y victorias de mudgu y las inmensas hazañas ella-roicas de Nanny, Una figura icónica y heroína nacional de jamaica, quien continua representando un ejemplo formidable de la liberación femenina en la historia de la tierra natal de mudgu.

La aparición de Nanny en *sangre* se cruza con el hecho que la iconografía de Nanny es un aspecto integral del marco temático del reggae. A pesar de que la estrella del reggae Burning Spear ha hecho tributo a Nanny en el canto ("Queen of the Mountain"), Son principalmente mujeres como la cantante de reggae Judy Mowatt ("Warrior Queen") y poetas dub femeninas Jean Breeze ("sound di abeng fi nanny") y Afua Cooper ("The Child is Alive") quienes han invocado la leyenda de Nanny en sus canciones y poemas. Nanny también aparece en el trabajo impregnado de reggae de mujeres escritoras caribeñas-canadienses aclamadas como la poeta Goodison (*Nanny*) y la novelista de ciencia ficción Nalo Hopkinson (*Midnight Robber*).

Esto revela otra característica interesante de la autodefinición de young, dub-ante-todo. Algunos de los primeros poetas dub fueron inspirados por Bob Marley o por DJ's, como se les dice a los MC's del reggae. Desde esta perspectiva, la poesía dub es hija del reggae. Varios temas de la canción reggae incluyendo la lucha contra la injusticia, el amor por la humanidad, el romance, el amor sexual, la introspección, la esclavitud y la liberación de la mujer, salen a la luz en *sangre*. en ese sentido, y en la manera en la que presenta aspectos de la experiencia jamaicana de manera universal, la obra claramente opera dentro del contexto de la estética del reggae, un concepto que describe como es que el reggea actúa como recurso crucial para cierta la poesía, la literatura y el teatro caribeñas. a pesar de que la obra de young puede que no sea vista como una obra en dub—el diálogo no está concebido en versos dub— claramente transmite una sensibilidad en el tema y el ritmo de su lenguaje.

sangre en forma de libro es una lectura poderosa y un trabajo muy importante. sin embargo, el presenciar la obra cobrar vida en escenario es una experiencia de otro nivel de satisfacción y realización artística. ha sido montado como una obra de una sola mujer en la cual young aparenta interpretar sin esfuerzo cada uno de la(s) personajes. young excede el encomiable objetivo de transmitir los renglones de manera convincente y de hacer los personajes creíbles. Sin duda alguna young posee una presencia y un carisma que informan su actuación. Pero esas características son meramente sazón para sus habilidades impresionantes como actriz. Con un fruncir, un vistazo, o una expresión facial young provee sustancia a las motivaciones de cada personaje. Con un gesto de manos, una manera particular de caminar o de angular su cabeza, ella expresa un vasto físico que cubre las palabras de la obra en otra dimensión de significados. Aunque alguien sea o no familiar con la cultura jamaicana, te es claro que young como la única actriz en la obra está familiarizada íntimamente con los personajes que habita. te es claro que los conoce de adentro para afuera. ya sea que el personaje es mujer u hombre, maduro o preadolescente, como un cantante de reggae negociando habilidosamente gruesas líneas repetitivas de un bajo, young apunta en cada nota. su actuación y sus palabras irradian un nivel de complejidad y profundidad en una obra que ofrece una realidad jamaicana (y jamaicana—canadiense por extensión) a diferencia de los estereotipos que escandalizan la cultura popular o en las noticias de la tarde. young no interpreta a las mujeres meramente como intereses amorosos o la madre de una nota o la abuela como devota a sus cuidados. Mientras presenta a los hombres siendo capaces de actos terribles, ella también muestra que son sensibles y cariñosos también. la escritura de young en sangre es valerosa ya que confronta el tabú del incesto en una historia que es autobiografía. su actuación vulnerable es muy valiente por la misma razón.

d'bi young ha pasado la mitad de su vida residiendo en Jamaica y la otra mitad residiendo principalmente en la locación diaspórica jamaicana/canadiense de Toronto, Canadá. Su conciencia y su arte reflejan que ella pertenece a dos comunidades distintas pero intrínsicamente relacionadas. *sangre*, aunque es basado "*solamente en Jamaica*" como sugiere la autora, introduce una sensibilidad jamaicana-canadiense por medio de la noción romántica de mudgu acerca de la tierra donde su madre emigró y en una escena donde si madre es "in*terror*gada" por un oficial de inmigración al entrar a Canadá. anticipamos una representación completa de su experiencia jamaicana-canadiense en *androgyne* la segunda obra en la trilogía de la joven mudgu.

como escritora y actriz el trabajo de d'bi young en *sangre* canaliza el espíritu de Nanny. para una experiencia verdaderamente satisfactoria, atienda el próximo montaje *sangre*.

este libre, sin embargo, contiene sus propios tesoros y no solamente documenta la obra pero también contiene un entendimiento crucial de sub-texto y contexto que transmite un apreciación mas profunda de la historia de mudgu.

Mayo 2006

Klive Walker es el autor del libro *Dubwise: Reasoning from the Reggae Underground.*

notas sobre la naturaleza cíclica de los ciclos

por d'bi.young

a veces ella-viento cambia su curso. revolotea suavemente alrededor y dentro de mi cabeza haciéndome recordar. platillos de dub danzan en acetato negro. un lento rub-a-dub. golpeando las presiones de gentes desplazadas. poesía/dub pariéndose a si misma por el canal vaginal. de jungla de concreto/caos y/comunidad. la primera vez que vi a mi madre en escenario yo tenía 5 años de edad. ella hacía dub. la próxima vez que vi a mi madre en escenario yo tenía 6 años de edad. ella hacía un one womban show (show de una sola mujer). soy la hija de mi madre. una poeta dub. quien reside en constante posibilidad de revolución y contar cuentos. cuyo corazón en balance con el viento. se para firme. yo soy una. yo soy muchas. jerstorias. un puente cuyos ligamentos cuelgan. soy el ayer olvidado del mañana. una amnesia programada. una reinvención funcional de la rueda.

cambiando permaneciendo la misma. mi madre me tuvo a los quince. mi abuela tuvo su primogénito a los quince. mi bisabuela, lo mismo. yo decidí tener a mi hijo a los veintidós. él decidió venir a los veinticinco. algunas cosas cambian. sangre es la jerstoria de las mujeres en mi familia.

cuando vivía en la habana cuba en 2002 escribí un poema llamado *blood* (sangre). un muy buen amigo y mentor, dave austin, quien visitaba la habana entonces, mencionó que debería considerar escribir algo en respuesta a los poemas de linton kwesi johnson *5 nights of bleeding* (5 noches de sangrado) y *dread beat and blood* (tumbao dread y sangre). ambos poemas empapados de rojo particularmente en lo que refiere a la música reggae, dancehall, violencia y la pasión de la gente jamaicana. el sutil empujón de dave era todo el incentivo que necesitaba para escribir mi propia versión mujerista/feminista. por años deseé abordar el tema pero no sabía dónde comenzar. inicia siempre desde principio. *blood* el poema, es sobre mujeres y nuestra relación con la sangre menstrual. y la relación de la sociedad con nosotras.

en 2003 emprendí a escribir una obra teatral sobre mi infancia. me mudé a canadá en 1993 a los quince. luego de haber vivido con mi abuela por tres años me reuní con mi madre. y aunque yo no estaba en cinta este cambio fue tan fenomenal como la llegada de un recién nacido. habiendo dejado jamaica gustosamente, de hecho estaba ansiosa por partir, talvez canadá me podía salvar del depredador ancestral familiar:

preñez. vine a canadá e intenté no pensar en jamaica y todo lo que representó por cuatro años. el incesto te puede quebrar o te puede fortalecer. soy una sobreviviente. al igual que me mi madre. y su madre, y su madre antes de ella.

weyni mengesha es una vieja alma (gemela) quien de casualidad tiene una obsesión con la sangre. gracias a las ancestras nuestros caminos se cruzaron una vez más en esta vida. en 2003 en medio de las preparaciones de *'da Kink in my hair* (por trey anthony) para el teatro passe muraille, le dije que estaba escribiendo una obra teatral sobre la sangre y le pregunte si ella lo dirigiría. también le comenté que esta obra aun no existente fue aceptada en el n.y.c. hip hop theater festival (festival de teatro hip hop de la ciudad de nueva york). bajo presión de preparar un manuscrito, acoplé varios trazos sueltos biográficos de mi vida en jamaica para que actuaran como ligamentos de poemas previos que también fueron incluidos, luego llamados el primer borrador de *sangre.* en este aparecían una mujer anciana en un traje rojo, mudgu sankofa y su abuela, un njoni sin partes habladas, un elemento completo canadiense para representar mi transición hacia acá, y nada del abuso sexual de la infancia. ya había hablado de ello en yagayah (mi primera obra teatral, una obra de dos personas escrito junto a naila belvett) y además, trey anthony me incluyó en el reparto de *'da Kink* como la preciada niñita stacey-anne quien también era una sobreviviente de jamaica. pensé: *escribe sobre otros aspectos de tu vida d'bi no te personifiques con estereotipos.* entre los ensayos y pruebas de vestuario técnico weyni dirigía esta versión, y emprendí hacia nueva york a presentarla.

tu verdad te puede liberar. sangre fue aceptada en la unidad de guionistas del teatro passe muraille con mengesha como dramaturga. dramaturgia es para la página lo que la dirección es para el escenario. mengesha hizo preguntas como: *qué jerstoria de sangre quieres contar? la jerstoria de sangre de quien estás contando? por qué estás contando esta jerstoria ahora?* durante este proceso caí en cuenta de que alguien debía contar la jersoria de esta niñita: mi jerstoria. decidí localizar el segundo borrador de sangre solamente en jamaica y guardar la travesía canadiense para otra obra.

mi hijo nació el 3 de mayo de 2004. el festival de teatro *summerworks* fue en agosto 2004. una vez más, bajo presión auto-impuesta—entre amamantamientos, llantos, estar al borde de la locura, extenuación, y actualmente puedo admitir depresión de post parto—nació el tercer borrador de *sangre.* randi edwards se tornó en madre susbtituta de moon, a veces de medio tiempo, a veces de tiempo completo. mientras mengesha y yo trabajábamos y lua shayenne monitoreaba nuestro tiempo con precisión exacta. ahora que la jerstoria estaba localizada solamente en jamaica *que información estaría en esa jerstoria?* mengesha pregunto largoy duro si yo sentía que yo estaba lista para hablar de incesto otra vez. luché con mi silencio. con el fuerte apoyo emocional y de dramaturgia de ella, decidí que *tío* seria una vez más parte de mi jerstoria. por dos semanas mengesha y yo arremetimos en sesiones de improvisación donde actuábamos los roles vagamente basados en eventos cronológicos de mi niñez. mengesha actuó el papel de personajes opuestos (sin palabras) cuando yo hacía la parte de mudgu (y personajes con partes habladas) permitiéndome generar un dialogo. grabamos este dialogo en una grabadora de radio cassette y lo transcribí de noche. tío, tía, tartamudo y madre nacieron durante este proceso con partes habladas. la revelación mas importante fue la creación de nanny. durante el proceso de dramaturgia mengesha sugirió que la inclusión de una figura maternal sabia guerrera seria una buena adición— y la reina nanny de las *cimarrones.* presionada por el tiempo, mi investigación sobre nanny a estas alturas era superficial cuando mucho, ella fue tejida de manera superficial dentro del textil de obra. aun así la sugerencia de menguesha se tornaría luego en la vértebra de *sangre.*

por un año entero no pude trabajar en *sangre.* bloqueo de autor. me perdí una sesión dramatúrgica programada en passe muraille en preparación para el el premier mundial de *sangre.* en la etapa 3ra porque no tenía nada.

en el verano de 2005 mi hijo y yo nos mudamos a san diego california para trabajar en *'da Kink.* fue aquí donde descubrí la magia y la disciplina de escribir en una burbuja. estando alejada de toronto y todo lo familiar y todas las distracciones era exactamente lo que necesitaba, para poder escuchar lo que las guías decían. en la tranquilidad de las madrigadas a las 4am, lejos del diario terror infantil de moon, trabajé en el manuscrito religiosamente, re-escribiendo todos los personajes y dando vida a nuevos personajes. aquí, los ocho previos evolucionaron en trece, y ahora todos hablaban. texto y sub-texto y movimiento y hecho y ficción y mitología y jerstorias se parieron a si mismas en el cuarto borrador de *sangre.* me sentí como hija única jugando a la casita con muñecas, excepto que las personas realmente existieron en su momento y cosas realmente pasaron en su momento. esta jerstoria es acerca de soltar el pasado.

cuando regresé a toronto con el cuarto borrador, mengesha se metamorfizó en editora 'extraordinaire'. ella sugirió formas brillantes de ajustar el manuscrito cortando y clarificando y profundizando y desarrollando todos los elementos. amina alfred sumó su excelencia vocal y musical a la mezcla y brudupsbaps!!! magia.

siempre hay lugar para crecimiento y cambio. en el ciclo de la vida. sangre son todas nuestras jerstorias y en algún lugar una niñita es sanada.

—d'bi.young.anitafrika

photo by michael dauda

d'bi.young.anitafrika

una poeta jamaicana/canadiense. actriz. y guionista, que cree en la vida. el amor. y la revolución. su primera obra teatral *yagayah,* co-escrita con naila belvett, fue publicada en el volumen ll de *testifyin': contemporary african canadian drama* editada por djanet sears, y su primer libro de poesía *art on black* fue publicado por women's press en 2006. *sangre* es la primera obra teatral en la trilogía *las tres caras de mudgu.* las otras dos obras son *androgyne* y *chronicles in dub.* d'bi.young reside en toronto canadá con su hijo (sol), moon (luna).
www.dbiyoung.net

notas de traducción

hacen ya aproximadamente 4 años que conocí a d'bi young. fue un encuentro predeterminado por las ancestras. una amiga tenia boletos extra para ver la filmación en vivo de lord of mercy, la primera producción multicultural canadiense. me entusiasmó la oportunidad de estar en un escenario de filmación, las tomas y retomas en vivo. para mi gran sorpresa el elenco estaba plagado de personalidades que esa tarde me abrieron los ojos a todo un mundo de posibilidades. pero fue d'bi.young la que me cautivó con su energía, actuando una adolescente jamaicana que vivía con su abuela y su primo en toronto. con este personaje me logre identificar fuertemente, puesto que mis raíces son jamaicanas al igual que la mayora de los afro-costarricenses, la dinámica cultural y familiar que desarrollaba son muy semejantes a las de mi propia comunidad, puerto limón. crystal gayle me recordó a mí misma en mi adolescencia. fue un refresco para mi espíritu. mi sed por más se saciaría cuando d'bi pasó una hoja de papel entre la audiencia, pidiendo a todas que escribieran su correo electrónico si querían ser notificadas de sus actividades. a estas alturas mi mundo era tan limitado (o eso creo ahora) que no sabía quien era d'bi.young. había escuchado a mutabaruka, linton kwesi johnson, y los last poets pero no tenia la menor idea de que había toda una comunidad de artistas y amantes de *spoken word* en toronto (donde había estado viviendo los últimos 3 años).

días después recibí una invitación para el pre-lanzamiento del disco blood. la vi efectuar un one womban show (un show de una mujer). nunca vi nada así. una jerstoria interpretada con el idioma y los coloquialismos de una cultura muy similar a la mía (si no igual). me sentí en casa, de vuelta en la cocina de mi abuela. fue allí donde la conexión ocurrió, fue allí donde me enamore de ella. además de haber entablado y nutrido una relación similar al de hermanas, hemos trabajado juntas por todo este tiempo. traduje blood el poema para un video musical y blood el documental.

la rebeldía de su arte se refleja aun hasta en su escritura, en sus deliberadas faltas de ortografía y puntuación, utilizándolas para entonar y enunciar sus intenciones y emociones, y en sus faltas gramaticales cuando altera, omite y combina palabras para crear nuevas intenciones y dar nombre a emociones difíciles de expresar en prosa. debido a la naturaleza de d'bi.young como escritora, esta traducción se mantiene lo mas literal posible respetando sus intenciones y aplicando las alteraciones gramaticales y de ortografía hasta donde sea posible. se intenta recrear la rima hasta donde sea posible. a petición de la autora, todas las palabras de género que impliquen generalización de género serán aplicadas en género femenino (ej. los ancestros = las ancestras, los niños = las niñas) donde sea posible. otra petición fue el de escribir la palabra his-toria como jer-storia para cambiar la etimología de la palabra (en ingles his = de él, hers = de ella), este es el mismo modelo que aplica la autora.

—queen nzinga maxwell edwards

iyawo ade eggun
(a.k.a) queen nzinga maxwell edwards

una guerrera revolucionaria que honra la realeza de sus raíces sanguíneas, y su legado de resistencia. una cantante, escritora, pintora, artista de la palabra hablada, poeta, madre y activista comunitaria. siendo latinoamericana de descendencia jamaicana, la hace una lingüista por la naturaleza, fluida en francés, portugués, italiano, inglés, español y patuá, los últimos tres son los idiomas con los que se crió en la comunidad de puerto limón en costa rica.

mientras vivía en toronto, canadá, trabajó como intérprete cultural para cantalk canadá, ofreció sus habilidades a organizaciones comunitarias al igual que a personas de bajos recursos. fue también la coordinadora de enlace internacional para el capítulo canadiense del congreso global de afrikano. tradujo el poema *blood* del inglés al español para la audiencia cubana y "blood" el documental de español al inglés para audiencias canadienses. el déficit de accesibilidad de información afro-céntrica para descendientes afrikanos de habla hispana, fomenta su búsqueda de conocimiento y por encontrar modos de hacer la diferencia promover el cambio necesario.

blood.*claat (sangre)* es la jerstoria de la sangre y la mujer—sangre de vida
y sangre de muerte tal cual experimentada en la travesía
de la quinceañera mudgu sankofa. la naturaleza inevitable de los ciclos
convierte a *sangre* en una danza ceremonial.
un canto de liberación. un poema en dub.
la diosa re-honrando su sangre.
esta es mi ofrenda a las ancestras y a las niñas.

reconocimientos

ancestras. elegua. yemaya. oya. oshún. ogun. shango. obatala. olodumare.
mi gente de whitfield town avenida maxfield kingston 13.
mujeres de mi familia. raphael cohen. madrina rosa.
melba y el resto de mi familia cubano. weyni mengesha. amina alfred.
maestras cubanas. ordena stevens. randi edwards. colin doyle.
new york hip hop theater festival. roger c. jeffrey. belinda ageda.
nehanda abiodun. assata shakur. laini mataka.
lua shayenne. soundbites. jay pitter. concejo de artes de ontario.
festival de theatro summerworks. franco boni. ahdri zhina mandiela.
alison sealy-smith. layne coleman. quammie williams. clebber de oliveira.
sue edworthy. teatro passe muraille backspace.
familia de teatro passe muraille. compañia de teatro obsidian.
lance brathwaite. marie fewer. jennifer filippelli. jonathon rooke.
erika connor. steve lucas. laini mataka. nick murray. rosina kazi.
learie mcnicolls. byron beckford. queen nzinga. jamaican folksingers.
las krudas. pablo herrera. alfredo. linton kwesi johnson.
damian 'junior gong' marley. bob marley. junior reid. clebber. nation.
greg thomas. aviva armour-ostroff. shari hay.
revistas *now* magazine y *eye* magazine.
escuela secundaria contact alternative high school.
adrian worrell. klive walker. aldeanas que precenciaron **blood**.*claat*.

herstoria de producción

blood(claat): one ooman story (1er borrador) fue interpretado por primera vez en el festival de teatro hip-hop de nueva york en junio 2003 con la siguiente compañía:

guionista. mudgu sankofa	d'bi.young
dirección . dramaturgia	weyni mengesha
diseño del set	belinda ageda
diseño de iluminación	d'bi.young . weyni mengesha
música	*new afrikan sisters* por nehanda abiodun
	dubbin revolushun by assata shakur
	oomaan por laini mataka y
	d'bi.young
	blood por *d'bi.young*
dirección adicional	ordena stephens
coreografía	roger c. jeffrey

.

blood(claat) (2do borrador) fue entonces parte del taller anual de guionistas del teatro passé muraille y se presentó en soundbites en marzo 2004 con el siguiente equipo:

guionista . actuación	d'bi.young
dirección . dramaturgia	weyni mengesha

.

blood(claat): one oomaan story (3er borrador) fue presentado en el festival de teatro summerworks en agosto 2004 con la siguiente compañía:

guionista . cuenta cuentos	d'bi.young
dirección . dramaturgia	weyni mengesha
percusión . vocales	amina alfred
dirección de escenario	lua shayenne

créditos de producción

blood(claat): one oomaan story premier mundial fue en el teatro passe muraille el 15 de noviembre 2005 como parte del repertorio de series teatrales stage 3 con la siguiente compañía:

guionista . cuenta cuentos	d'bi.young
dirección . dramaturgia	weyni mengesha
percusión . vocales	amina alfred
coreografía	learie mcnicolls . byron beckford
dirección de escenario	marie fewer
diseño de vestuario	erika connor
diseño de set e iluminación	steve lucas
diseño de sonido	nick murray
exhibición de arte menstrual	queen nzinga
canciones	canciones folkloricas por los jamaican folksingers
	"old meets new" por d'bi.young, las kru das pablo herrera y percusionistas del batá

blood.claat: una palabra soez jamaicana. literalmente significa trapo sangriento o ensangrentado. trapo menstrual usado por mujeres cuando sangran.

escenarios

áfrika del este en el principio...
aeropuerto internacional pearson—centro de inmigración canadiense tres años atrás.
nanny town jamaica 1730-1732
kingston jamaica presente

en el principio... /áfrika del este

alto del escenario hay un altar bendecido en sangre. torres de árbol de iroko por encima del altar en la pared del alto del escenario una tela azul larga que cubre la mesa del altar. los siguientes artículos se posan ceremoniosamente sobre la mesa. una tela azul larga. una vela de yemoja. oya azul con una concha de caracol grande en agua. siete conchas de cauri. una diosa de la fertilidad ashanti. cuentas masai rojas. un jarrón con flores azules o blancas en agua. una tasa azul pequeña. una pequeña botella de ron.

jamaica

al costado izquierdo del proscenio se posa un balde metálico de lavar grande. un tendedero de ropa se encuentra en un angulo desde el centro del foro del escenario hasta el costado izquierdo del procenio. de él cuelgan prensas de ropa. un cepillo de lavar rojo. un trapo. una camiseta sin mangas blanca. una toalla. una muñeca azul. una mochila. un paquete de cigarrillos craven-a. un sombrero de iglesia y una biblia.

escenografía

altar: un trapo largo y azul. candela de yem-oya. oya azul con una concha de caracol grande en agua. una berenjena morada. siete conchas de cauri. una diosa de la fertilidad ashanti. cuentas masai rojas. un jarrón con flores azules o blancas en agua. una tasa azul pequeña. una pequeña botella de ron.

un balde de lavar metálico grande

tendedero de ropa: prensas de ropa. un trapo, un cepillo de lavar, una mochila de jamaica (mudgu). una camiseta sin mangas blanca (njoni). un paquete de cigarrillos craven-a (abuelita). un sombrero de la iglesia y una biblia (tía).

costado del escenario: un machete (con un trozo de majestuosa tela antigua atado al puño)

vestuarios

una falda roja *ondulante* (representando sangre. una sábana. un bebé)

un vestido para vestuario neutral (para poder actuar varios personajes)

un pequeño un trozo de tela majestuosa antigua (madre)

personajes

yemayá: madre de todas nosotras. sangre

abuelita: una mujer de cincuenta años. ella ama a su nieta mudgu. a ella le avergüenza su sangre.

oficial de inmigración: cree y practica la jerarquía de sangre.

tartamudo el conductor de bus: un hombre de veintinueve años que tartamudea. confundido por el poder de la sangre.

reina nanny: una jefe. una sacerdotisa. una bruja. una sanadora. una líder militar. conoce y practica la magia de sangre.

guerrero ogún: orisha que gobierna la metalurgia. mal-usa la energía del fuego de sangre.

mujer que va pasando: una creyente que sabe. quebrantada por la sangre derramada en vano.

njoni: el novio de mudgu. cinco años mayor que ella. sueña al rojo vivo con el triunfo.

tía: la tía de mudgu's de treinta y cinco años experimentando menopausia prematura. ella es una cristiana fundamentalista que utiliza su fe como una venda para sus ojos. ella vive en negación de la sangre.

tío: el esposo de tía. asesino de la sangre.

pearl johnson: chismosa del pueblo. le excitan las historias de sangre.

madre: la madre de mudgu a los treinta años. una mujer muy trabajadora. ella respeta la sangre.

mudgu sankofa: una chica joven convirtiéndose en mujer. este es el año antes del su 16avo cumpleaños, en un camino hacia el re/des/cubrimiento de la sangre, ella es suspendida en medio de la yuxtaposición ente *sangre de vida*—su periodo y *sangre de muerte*—sangre derramada violentamente; negociando la demonización de la previa y glorificación de la última. el cordón umbilical eterno—la línea sanguínea de esclavas—la reconectan con sus raíces y con su futuro.

músicos cuenta cuentos

3 percusionistas del batá/vocalistas: cuentan la jerstoria de sangre.

sangre

pre-show

jamaica folk

*la audiencia entra la jerstoria al sonido de viejas canciones
tradicionales jamaicanas
un olor particular que hace recordar la jamaica de antes llena el
aire
(ej.: te de menta/ te de sorosí , agua de mar, arbusto de montaña,
estufa de carbón, etc.)*

escena 1

en el principio...

*áfrika del este, en el principio... el escenario está negro, las luces
(el sol) suben al sonido de las campanas y el gallo que canta. es de
madrugada. mientras se escucha el sonido de la música de mama
afrika, Ella camina hacia su altar a las raíces del árbol de iroko.
una serpiente se encuentra arrollada a una de las ramas del árbol..*

*3 percusionistas de batá cantan las alabanzas a yemayá en yoruba.
el cuenta cuentos mantiene un latido constante sobre el djembe.*

*Ella camina por la aldea, su ondulante falda roja creando un río
de sangre detrás de sí. sobre la falda se encuentra un viejo trozo de
tela majestuosa con bordes dorados y conchas de cauri. el río corre
a su paso.*

*Ella se quita su turbante y saluda su altar localizado en el centro
del escenario a los pies del árbol de iroko.*

*música de mama afrika introduce palabras.
Ella vierte un poco de libación a eleguá para que aclare el camino
hacia la derecha luego hacia a la izquierda.
cuenta cuentos incrementa el latido de los tambores.*

*libación a sus ancestras por gratitud, orientación, y protección. Ella
entonces derrama un poco dentro de la taza azul como ofrenda a
yemayá, mawu madre de todas. toma 3 cuentas masai y los pone*

*alrededor de su cuello. (en silencio)le pide a diosa ochún permiso
y bendiciones para parir-vida.*

cuenta cuentos incrementa el latido de los tambores

*bendiciones abundan. le pide a diosa oya, guardiana del portal del
cementerio, que le otorgue pasaje seguro, su espalda hacia la aldea,
danza en creación.*

*cuenta cuentos toca un poly-ritmo sobre congas
música de mama afrika se desvanece dejando al cuenta cuentos
y la mujer
danzando la ancestral danza de sangre ceremonial de la creación.
cantando. llamando a los espíritus.*

*Ella es poseída por la sangre de las ancestras. ella sangra en la
tierra bajo sus pies.*

*la aldea nunca ve su cara.
mientras danza los espíritus de sus hijas son convocados.
y ellas vienen.*

*cuando aparecen, los tambores reducen en volumen permitiéndoles
hablar su parte. luego de hablar los tambores se calientan; hirviendo sangre.*

abuelita
tenemos a las niñas
y tratamos de criarlas bien
traté con ella señor
traté con ella

los tambores se calientan. Ella danza

njoni
mi chica no puede preñarse
y yo no soy me hago digno de la ocasión
como un semental negro...

Ella danza. los tambores se calientan

tía
te advertí
dios te advirtió
pero a veces el diablo se te mete
como sangre caliente
hirviendo agua

> *los tambores se calientan. Ella danza*

el conductor de autobús stamma
bu bu bu bu bu bu bu bu bu bu bu
ble le le le le le le le le le
blo blo blo blo blo blo
BLOODCLAAT!

> *punto de ebullición de la sangre! un fuerte crujir del djembe. Ella congela sus manos estrechadas sobre su cabeza sosteniendo el mundo.*

apagón

escena 2

sangre y vergüenza

jamaica en el presente

el escenario está negro. una canción de reggae numero uno resuena en el equipo de sonido del vecindario. por encima de la oscuridad escuchamos las palabras

afuera en la calle
lo llaman asesinato...

out in the street
they call it murder...

escuchamos la tos de abuela luego su voz penetrante entre la música ensordecedora
cuenta cuentos toce

abuelita
(tosiendo) no son ni las 6:30 de la mañana y estas sin vergüenzas tienen la música tan alta como si quisieran que me volviera sorda en mi vejes... *(le grita a la vecina a través de la calle, dos casas abajo)* hola njoni y compañía, el gallo casi ni canta, por favor bájenle a esa música estruendosa!!! *(la música baja)* señor jesús por qué me das esta cruz a cargar... pero... pero... pero un momento... pero qué es esto? qué es esto en la cama?!... mudgu? no me diga que mudgu me arruinó mis sabanas blancas nuevecitas de lee's fifth avenue. pero vez mi condena. es vergüenza lo que ella quiere traer en esta casa. tres años que esta niña tiene su regla y todavía ensucia mi cama.

y mírenla, acostada como si fuera bella durmiente o algo así. mudgu
despiértate! *(le da una palmada en la pierna)* te dije que te
despiertes!

> *es temprano por la mañana. mudgu está dormida en el costado
> derecho del proscenio totalmente cubierta por la sábana roja. se
> mueve y se vuelve mientras es violentamente despertada por su
> abuela.*

mudgu

ay! abuelita. *(despertando perezosamente)* me estoy levantado! me
estoy levantando! *(mira la sangre en la cama)* oh dios manché la
cama abuelita... perdón. perdón. perdón... no sabia que vendría
anoche abuelita...no era mi intención ensuciar la cama abuelita...
abuelita no! *(su abuela le pega repetidamente)* ...no... voy a lavar
todo... no abuelita no quiero ser cochina. voy a lavar todo y lo
dejaré limpiesito limpiesito limpiesito... no ensucie la cama
a propósito abuelita... es que dormía y se me pasó del calzón...
la próxima vez sabré mejor y haré mejor... porque la santidad es
seguida por la limpieza... si abuelita... la santidad es seguida por
la limpieza.

> *rápidamente dobla la sábana y comienza a alejarse. su abuela la
> llama de vuelta.*

si... digo, si abuelita. en mi pijama? *(voltea su bata de dormir para
ver que también está sangrienta)* abuelita iré por atrás y me bañaré
primero y me aseguraré de lavarme bien allá abajo... y me aseguraré
de restregarlo hasta que esté bien limpio.

> *sale del dormitorio
> cuenta cuentos gime suavemente mientras mudgu, en un ritmo
> contrastante con los tambores,
> le da la "bienvenida a jamaica"
> camina hacia el balde de lavar en el costado derecho del proscenio
> y pone la sábana en ella
> camina hacia el tendedero
> toma el trapo del tendedero y se mete al cuarto de baño
> enciende el grifo y moja el trapo
> se acuclilla y restriega su vagina con el trapo vigorosamente y por
> mucho rato
> mudgu se seca
> ahora moviéndose ligeramente al ritmo de la canción*

mudgu
photo por Aviva Armour-Ostroff

lava el trapo y lo pone de vuelta en le tendedero
sale del baño
pone el balde de lavar azul bajo el grifo
comienza a cantar "welcome to jamaica"
llena el balde apaga el grifo y se sienta a lavar
primero lava el dobladillo de la bata de dormir
mudgu entonces comienza a cantar su propia canción inventada
al ritmo del cuenta cuentos

bienvenidos a jamdown
donde la maldita mancha lavo
si no a abuela le da un ataque cardiaco
acaba en el hospital
con una cuenta altísima
pero no tenemos dinero para comprar ninguna cuenta
bienvenidos a jamdo…

si abuelita. no abuelita. no estoy cantando dancehall tan temprano
en la mañana. es una canción de la escuela. *(hacia la audiencia)* no
puedo ni cantar. *(pensando)* canción de escuela, canción de escuela?

H-O-L-A
estamos aquí para decir hola de parte de mudgu
mudgu es mi nombre
menearme es mi juego
(se para y sonríe al viento maliciosamente traviesa)
tengo a njoni en mi mente
ups todo el tiempo
H-O-L-A
estamos aquí para decir hola de parte de mudgu
mudgu es mi nombre baloncesto para mujeres es mi juego
tengo un trofeo de oro en mi mente
ups todo el tiempo
H-O-L-A
estamos aquí para decir hola de parte de mudgu
mudgu es mi nombre
(habla con un acento norte americano exagerado)
speaky spoky es mi juego
tengo a CANADA en mi mente
ups todo el tiempo

cuelga la ropa en el tendedero mientras tararea el resto de la
tonada. cuando acaba llama a la abuela.

abuelita terminé de lavar las cosas. me voy a alistar para la practica de baloncesto. oyes. *(se para detrás de la sábana)* me oyes abuelita?

abuelita

(desde el otro lado de la sábana con un cigarrillo) por qué me denuncias por todo whitfield town mudgu? terminaste de lavar las cosas tan pronto? no me hagas venir a ver ropa sucia colgando en el tendedero oye. *(emerge del otro lado del tendedero, cigarrillo en mano)* mudgu dices que lavaste estas cosas sucias? *(camina hacia el balde)* y mira esta agua sucia. enjuagaste la ropa? la enjuagaste y esa agua tan oscura. *(chupa sus dientes)* lávala otra vez. tienes práctica de baloncesto para mujeres? mudgu no me interesa si tienes práctica de baloncesto para mujeres o de práctica de fútbol! vas a la escuela a brincotear como un chiquillo en pantaloncillos blancos pero estás jugando baloncesto para niñas. tú crees que eso es de señoritas? yo jamás le hubiera podido decir a mi mamá que yo quería jugar en esta época del mes, mucho menos lavando en el patio frente a las vecinas. no tienes modales. trata de lavarlas otra vez. *(apaga el cigarrillo y se va)*

mudgu se inclina sobre el balde y se sienta

mudgu

si abuelita. *(agacha cu cabeza avergonzada mientras su abuela se aleja. regresa al balde lava una vez más)* desearía ser varón. no sé por qué la glotona de eva tuvo que desobedecerle a papito dios escuchar a esa malvada serpiente y comerse la manzana y ahora todas nosotras debemos sufrir por ella, incluyéndome a mi. ahora mira eso. está sobre la cama, mi ropa, y todo lado asqueroso como alguien que le han disparado o cortado. qué es lo que ustedes miran? no han visto a nadie lavar antes? *(chupa sus dientes)*

ahora de seguro que voy a llegar tarde otra vez a la practica de baloncesto de mujeres. sin practica no hay trofeo de oro. y la capitana del equipo siempre tiene que estar el las practicas. eso dice miss ossborne. y adivina quien es la capitana del equipo, doña tardías y tardías. *(se chupa los dientes)* no le puedo decir a miss ossborne la razón de mi tardanza. entonces todas en el equipo sabrán. de todas formas no es como que no les pasa a ellas. aunque una nunca sabe. cuando el flujo le llega a mi tía es un gran secreto.

bueno juego mejor que todas ellas de todas maneras. es por eso que soy la capitana. ni en el basketbol los varones pueden conmigo.

aunque a veces cuando me viene, mi panza me duele tanto que no puedo jugar a la pelota, y los chicos obtienen 5 o 6 o 7 días de practica extra, porque a ellos no les llega. aun así juego mejor que ellos. si no me creen pregúntenle a mi novi... *(recuerda a su abuelita y susurra)* pregúntenle a mi novio njoni. el es el mejor pelotero en la calle.

tiene un *equipo de sonido blackbird.* todas las mañanas despiertan al vecindario con un estruendo de la música. njoni dice que la gente debería de pagarle porque está prestando un servicio a la vecindad ayudando a todas a despertar temprano para el trabajo. aun la gente que no trabaja tiene que levantarse también. *(ríe)* abuelita no lo soporta. dice que siempre se ve perezoso, porque fuma esa corrupción y escucha esa música depravada.

todas las niñas dicen que tiene ojos de ensueño. cuando los miras te pierdes en un matorral negro y oscuro. donde puede pasar lo que sea. cuando lo miro siempre me dice que pare mi mirada le atraviesa el alma.

bueno cuando tengo el periodo juego hasta mejor que njoni. si es cierto que ellos no saben que me da poder. *(muestra los músculos en ambos brazos)* en fin.

esto no se puede limpiar. *(inspecciona la sábana)* talvez debería hacerlo remojar un poco. *(escucha a su abuela gritándole para que se vaya a la escuela)* si abuelita lo lave todo bien limpiecito, voy a poner la sábana a remojar un poquito.

(corre hacia el tendedero y se pone su mochila) ...no abuelita no voy a llegar tarde a la escuela. *(hacia la audiencia)* estoy definitivamente tarde. *(hacia abuelita)* abuelita la escuela termina a las 3:30 y tengo practica de baloncesto hasta alas cinco... hasta alas 7 de la tarde *(cruza sus dedos)* ...no vendré a casa de noche abuelita... no voy a andar en la calle como mata-perro... si abuelita... abuelita no voy a traer una panza con un bebe para que mantengas. abuelita sabes que tengo práctica antes y después de la escuela. por favor... voy a venir a casa apenas termine.

escena 3

clase pa la mierda

mudgu camina hacia la parada del bus 54. son las 9am mientras camina hace un rutina corta de reggae al ritmo de la nueva canción que inventó

allí espera en la parada de bus por el 54 mientras canta y baila

mudgu

suertuda y brillante suertuda y brillante.
su su suertuda y brillante suertuda y brillante.
iyai yai yai yai yai yai yaieee.
iyai yai yai yai yai yai yaieee.
yooo soy la campionísima.

pero mira pues! mira esta fila de bus tan larga como de aquí a timbuktú. y no hace la menor diferencia porque cuando viene el bus cae una estampida desde aquí hasta el barrio hispano. *(se chupa los dientes y le toca el hombro a la ultima persona en la fila para unirse a la fila)* discúlpeme. *yo soy la campionísima.*

voy al colegio campeón. bueno en realidad es campion pero mis amigas y yo le llamamos campeón. intelectualmente lo mejor de lo mejor atiende mi escuela. aunque abuelita siempre dice que el dinero tiene un poder mágico. pero nosotras no tenemos ni dinero ni poderes mágicos. yo estudio mis libros y no a los hombres, exceptuando a njoni.

soy la única graduada de escuela pública, de hecho de toda mi vecindad, que va al campion college. todas las demás vienen de escuelas primarias y de preparatoria privadas. piensan que son mejores que yo. *(la empujan en la fila)* ay señor.

(esperando por el bus) vez a mi abuela como le gusta avergonzarla a una enfrente de las demás, vivo con ella aquí en whitfield town. antes vivía con mi madre y mi padrastro en un lindo vecindario de ricas. pero ahora mi mamá se fue a canadá. es casi tan buen lugar en el extranjero como manhattan new york. bueno le digo a mis amigas que mi mamá está en el extranjero. ellas no necesitan saber donde exactamente. pronto me reuniré con ella. *(fanfarroneando y cantando)*

mi mamá se fue al extranjero
donde está la buena vida
tres meses de espera antes de poder irme
ropa nueva zapatos nuevos y un estilo de vida nuevo
dice la gente

cuenta cuentos
está tan caliente que va a hervir

mudgu
en el extranjero las cosas son baratas
las cosas son bonitas, las cosas son perfectas
(susurra) las niñas no ensucian la cama
por la noche
always tampax tampones en vez
gente en el extranjero no espera buses
tienen carro y manejan
y nunca tienen que hacer filas!

escena 4

yendo al extranjero

*aeropuerto internacional pearson tres años antes. en la fila de
inmigración*

madre es sometida a una inTERRORgación

oficial de inmigración
!SIGUIENTE! !DIJE SIGUIENTE! !SIGUIENTE POR FAVOR!
!DOCUMENTOS!
!PROPÓSITO DE SU VISITA!
!CUÁNTO TIEMPO SE QUEDARA EN CANADA!
!CÓMO SE MANTENDRÁ A SÍ MISMA DURANTE SU ESTANCIA
EN CANADÁ!
!DÓNDE ESTARÁ RECIDIENDO!
!SON PARIENTES SUYOS!
!TIENE HIJAS EN JAMAICA!
UNA HIJA. HMMM. !DE QUE EDAD!
!QUIÉN VE POR ELLA EN SU AUSENCIA!
!VIAJA AMENUDO SIN SU HIJA! !HMMM!
!EDUCACIÓN!
!CUÁL ES SU NIVEL DE EDUCACIÓN SEÑORA!

¡FINALIZÓ LA ESCUELA SECUNDARIA!
OH UNIVERSIDAD
¡CUÁL ES SU PROFESION!
NO DEBERÍA ESTAR ENSEÑANDO AHORA MISMO
¡TIENE INTENCIÓN DE TRABAJAR MIENTRAS ESTA EN
CANADÁ!
¡ALGUNA VEZ SE LE HA NEGADO AL ENTRADA A CANADA!
¡ALGUNA CARNE. DEGRADABLES. TABACO. ALCOHOL.
ARMAS. REVÓLVERES. DROGAS!
¡ALGUNA DROGA!
SEÑORA FAVOR DE HACER FILA A LA DERECHA
EL OFICIAL CONDUCIRÁ UNA REQUISA COMPLETA
ANTES DE SU ENTRADA A NUESTRO PAÍS
SIGUIENTE! DIJE SIGUIENTE! SIGUIENTE EN LA FILA POR
FAVOR!

escena 5

en el bus

mudgu

por qué se tarda tanto este bus? oh al fin. *(reconoce el bus)* mira eso,
es el bus de maximillion el que viene. es el mejor bus de la ruta 54.
conducen rápido, y hacen buenas curvas también. y ponen lo ultimo
en reggae. lo único es el conductor. habla-habla-habla-habla por
encima de la música, no puedes ni oírla. y para variar es tartamudo.
(suelta una risita) la gente lo llama tatatartamudo.

el autobús llega

*se hace camino a empujones para abordar junto con las otras
pasajeras*

con permiso. con permiso por favor. *(pone su mochila en el frente)*
quítense de enzima mío y dejen de ajarme el uniforme, no! *(se
sostiene del pasamanos)* yo solo hablo así en casa. yo soy una chica
campeona ahora. mi maestra dice que soy muy afortunada porque
no son muchas las niñas del ghetto que van a escuelas como la new
day que logran ingresar una escuela de la reina de inglaterra como
campeón college. *(se recata)* quiero decir, soy afortunada de recibir
una educación británica. con esto tengo la oportunidad de escalar en

la vida y convertirme en alguien. *(el conductor accidentalmente la estruja)* no escuchaste que dije que se quiten de encima mío!

conductor de autobús stamma
(hacia mudgu) pa-pa-pasaje de bus! mudgu ququque te pasa no espe-pe-peras que te estrujen en-nen-en un bus! coje un taxi entonces. d-d-dame tu p-p-pasaje de b-b-bus hombre. *(chupa sus dientes y se habre paso por el resto del bus)* conductor cobrando pasaje de bus! gente d-di-dije pasaje de bus! *(le toca el hombro a un hombre y continúa)*

usted don señor p-pasaje de bus! *(a las demás pasajeras)* pasaje pasaje. *(de vuelta al hombre)* ca-c-c-cálmese? p-p-págueme. y n-n-no se p-p-preoc-cupe por m-mi. *(chupa sus dientes y se voltea luego se devuelve)* qu-qué paso sos s-s-sordo m-m-mudo o ci-ci-ciego. p-p-pasaje de bus. s-s-si n-n-no tiene el d-di-dinero n-no to-to-tome el b-b-bus. c-c-c-cam-mine. ahora p-pa-pasaje!

e-e-e-ey-e-ey hombre. e-es-st-te c-c-ca-ra de v-v-verga s-s-s-se su-sube a *(se golpea el pecho)* m-mi-i hij-j-juep-p-pu-t-ta bus y n-n-no puede p-pa-pagarme. uuusste escccúcheme bien. mmme importa un ccarajo lo que haga fuera de mi bus p-pe-pero cuando está en mi te-te-ter-ritorio y-y-y-yo soy el jefe me oye. y-y-y-yo soy el rey. así que es-c-c-cú-cheme y p-p-pá-gueme ahora.

está t-t-tr-tr-tratando de f-fa-faltarle el respeto a uno. t-t-ta-tarta-mudo, t-t-taa-ta-tartamudo me accccaba de llallamar? *(mira alrede-dor, poniéndose ajitado)* e-e-e-el m-me a-c-c-caba d-de ll-lla-llamar t-ta-t-tartamudo. *(las próximas líneas son un alboroto mientras el con-ductor brincotea buscando su machete)* hombrecito e-este co-c-congo n-n-negro como el c-c-carbón llamándome t-t-ta-t-tarttamudo. ese mono c-c-coño e su madre i-i-i-i-r-res-p-pe-petándome. t-t-tu madre va llo-llo-llorar por ti-ti-ti esta noche.

(coge su machete del costado del bus y lanza hacia el hombre) ha-a-abla ahora c-co-coño e tu madre. ha-a-abla ahora. c-co-cómo dijo? b-b-bloodclaat. *(enviste al hombre y lo corta)*

escena 6

reina nanny/guerrero ogun y ire ekiti

*la escena previa continua con esta escena ya que la jerstoria
cumple dos funciones; aquí el conductor de bus es el guerrero ogún
crepúsculo. jamaica 1730. música para ogún se escucha en las
montañas distantes. aparece el árbol de iroko. la reina nanny
narra la jerstoria del orisha guerrero en el iré ekiti, a su aldea de
cimarrones*

*entre humo y movimiento el cuento de la reina nanny viene a la
vida*
acompañada por cuenta cuentos
cuenta cuentos sopla el abeng
la reina nanny tiene su machete en la mano

cuenta cuentos
(cantado) ase ohemma grandy reina nanny oh!

reina nanny
ashé! vengan y acérquense a escuchar pueblo de nanny. hora del
cuento oh.

un día el guerrero ogún paseaba por el bosque del pueblo yoruba,
cuando llegó al festival de la aldea iré ekiti, para ver a la gente a la
gente danzando y festejando. luego de un largo día de trabajo. en el
bosque, guerrero ogún estaba muy cansado y muy hambriento.

sin saber la naturaleza de esta gran celebración ogún procedió
a preguntarle a las aldeanas si podía compartir del vino, porque tenia
sed. les preguntó si podía compartir de la comida porque
tenia hambre.

cada aldeana respondió con silencio. el guerrero ogún pregunto otra
vez y otra vez y otra vez más. cada aldeana volteo la mirada aun en
silencio. poco después se enfureció por las graves faltas de respeto.
comenzó a masacrar la aldea...

luego de matadas a todas se paró y observo la furia de su ira, sus
piernas arqueadas en un río de sangre negra.

una mujer que pasaba le pregunto al guerrero qué había pasado, le
contó a la mujer la historia de deshonor. ella recostó la cabeza en su
pecho y lloró.

ogun
photo by Aviva Armour-Ostroff

le dijo al guerrero ogún: las aldeanas de ire ekiti no tenían la
intención de irrespetarle. celebraban oriki in su propio honor.
guerrero ogún, sabes que durante este festival se observa en silencio
absoluto. *(ella muere)*

é se da cuenta que había masacrado su propia gente inocente. la
sangre de sus hermanas y hermanos poseyó sus manos. su espada.
profundamente entristecido y avergonzado el guerrero ogún cayo
sobre su filo y fue recibido en la oscuridad de la tierra.

> *ogun corta su propia garganta y cae al suelo*
>
> *cuenta cuentos sopla el abeng*

cuenta cuentos
ashé hora de cuentos de reina nanny oh.

reina nanny
ashé!

koromante! debemos utilizar nuestra energía de fuego sabiamente.
nosotras las akan. las fanti. ibo, yoruba y todas las otras naciones se
reúnen. aquí somos una sangre—sangre koromante.

hacen ahora seis lunas llenas desde la ultima batalla contra las chaqueta rojas. el amo bakra massa sabe que él no nos puede vencer así que busca otra manera de cesar nuestra libertad. son muchos las que dejan la plantación de esclavas para vivir aquí con nosotras; libres en la cima de montaña azul. y a él no le gusta eso. cudjoe dice que el amo bakra massa quiere que firmemos tratado de paz oh.

el tratado dice que cuando tu hermana o hermano se escapa de la plantacion, que la devolvamos a al amo bakra massa vivo o muerto. pero el mono no quiere esposa una vez sola. si empezamos a matarnos los unas a otras para el amo bakra massa hoy, nos mataremos mutuamente mañana y el día después. cuando el amo bakra massa no esté? hmmm!

koromante no firmaremos.

   cuenta cuentos sopla abeng

lucharemos!

   cuenta cuentos sopla abeng

no firmaremos ningún tratado!

   cuenta cuentos sopla abeng

lucharemos. nuestra sangre es nuestra vida!

   cuenta cuentos sopla abeng
   el humo se esclarece
   el árbol se desaparece

escena 7

tonta de la escuela

mudgu está en el suelo temblando frenéticamente. machete a su lado se revisa.

mudgu

me cortaron? me cortaron? no? no me cortaron! gracias a dios. gracias a jesús. jesús gracias. gracias. ves a ese conducto. macheteo a la mitad del bus sabes. como puedes estar volando machete de esa manera en el bus lleno de gente por un pasaje de bus. a la mujer a mi lado la cortó. al niñito le coto la mano. el rasta recibió un hachazo en la cara. debo ser la única a la que no cortó.

pero a mi uniforme. toda mi blusa blanca. y no hay manera que el cloro le saque esta mancha. de ninguna manera. a abuelita seguro que le va dar un ataque cardiaco. no puedo ir a la escuela luciendo así. todo el mundo se va a reír de mi y seguro van a pensar que la violencia ocurrió en whitfield town porque *toda la violencia* ocurre en whitfield town.

con razón los padres de mis amigas no me conducen a casa de la escuela. porque les da miedo que un pistolero las mate o las machetee o algo. y no me invitan a sus casas tampoco. creen que son de *clase alta*.

vivo justo contiguo a rema, jungle, trench town, spanish town road, y tivoli también. ayer cuando regresaba a casa vi a una mujer siendo pateada en la panza. y no me podía mover. anoche carter le disparó a un chico. y se pararon sobre él para matarlo y el arma se trabó. así es que no le pudieron matar. njoni me contó sobre esto el domingo por la noche. nunca sabes lo que va a pasar. por eso es que debes protegerte.

le hecha un vistazo al machete, se fija que nadie este viendo,
y rápidamente de manera sigilosa en su mochila

escena 8

novio y novia

njoni black calmando y mortal fumándose un cigarrillo de mariguana

es interrumpido por un golpe en la valla de trasera

mudgu

(golpeando) njoni! njoni abre! njoni abre!

njoni

ey! quien está golpeando mi valla así ? *(se levanta y revisa)* mudgu!? qué haces aquí? *(ve la sangre)* le dispararon a mi chica? alguien te disparó? quien te disparó? ay mataré al que te hizo esto sabes… no te dispararon? entonces por qué tu uniforme luce de esa manera… pelea en el bus?… *(aun revisando)* no te cortaron… entra pues.

(cambia de marcha) estás segura que no te hirieron. porque mataría por ti lo sabes, reina de mis sueños. entonces qué, viniste a pasar el día conmigo? cho! por qué no te quitas tu ropa sucia y me dejas

ponerte ropa limpia? *(se ríe)* ...cierto. definitivamente ella no apreciaría que estuvieras usando mis cosas. *(jugueteando)* debes tener una cortada en algún lado, ven déjame revisarte para cerciorarme... ven no...

(mirándole a los ojos) deja de mirarme a los ojos como hombre. *(se voltea penoso)* qué es lo que buscas. perdiste algo allí. puedes verme a los ojos ahora pero cuando nos apretamos durito siempre cierras los ojos. sabes que quería preguntarte eso. cómo es que no me miras a los ojos cuando lo hacemos? siempre te miro. carita dulce como el mango. mudgu puedo mirar a tu cara por el resto de mi vida. quiero que nuestra hija tenga tu cara redonda y negrita de mango

la discomovil blackbird pronto será la discomovil numero uno y tú y tus niñas van a viajar por todo el mundo a los estados unidos e inglaterra y japón, tocar la mejor música reggae. ¿qué dices mudgu? te amo como a comida caliente chica. ven acá para frotarte un poquito... a ver si tienes alguna cortada bajo tu falda o bajo tu blusa... *(la agarra jugueteando)*

mudgu

(sobandose la panza) njoni labios de miel. mi mamá me sobaba mi pancita asi y me cantaba *groovy*... te sabes *groovy*?... *groovy here I am come rub it pon mi belly like a guava jelly...*

me amas como a comida caliente. que clase de comida caliente exactamente? ¿tubérculo amarillo duro o dulce plátano maduro con irish mosh?... por eso te llaman njoni black labios de miel sos muy zalamero... *(se ríe)*

y yo no quiero ir a ningún japón. pero siempre quise ir a afrika. mami me dijo que la gente de mi bisabuela vinieron de la parte oeste. me gustaría visitar y ver a mis parientes lejanos... deja de reírte... hablo en serio... si me llevas a afrika, entonces talvez pensaré en ir a japón contigo...

tú y yo podemos vivir por todo el mundo njoni? y ser como la discomóvil stone love o metro media *(le señala a cuenta cuentos de reiniciar su tonada, una serie de efectos de sonidos de reggae [moderno] se oye durante su rappeo)*

reinicie la pista dj
tenemos una discomóvil blackbird representando
pa' las jamaicanas en japón

saludos a las japonesas
ya saben que son las mejores jamaicanas
fuera de jamaica
queremos bienvenir al dj al micrófono
el dj numero uno
comó lo llaman
labios de miel, ojos de ensueño mr. njoni black
y acompañando a mr. black
desde whitfield town kingston 13 jamaica
la actual reina del dancehall
ni más ni menos que la campeonísima mudgu black

cuenta cuentos
...y su hombre njoni black
si quieres una fiesta de reggae a ellas debes llamar
la discomovil blackbird at ataque
démosle la bienvenida a la reina del dancehall.

njoni black y su chica mudgu black
sonido blackbird al attack
quieres una fiesta de reggae a ellas debes llamar
démosle la bienvenida a la reina del dancehall
démosle la bienvenida a la reina del dancehall
démosle la bienvenida a la reina del dancehall

cuenta cuentos para la música

mudgu
(baila con njoni. él trata de tocarla) no! no me toques ahí...
porque... porque... no me siento con ganas de hacer eso hoy...
porque me duele un poco la panza... no, no es por lo de ayer. eso
estuvo bueno... si me hubiera dolido te lo digo, como la primera
vez, recuerdas? no hombre, hoy no me siento con la vibra para eso,
encima lo del bus esta mañana y mi panza... no quiero tu vibra...
porqué eres tan testarudo... desde luego que te amo... *(pausa,
dirige su atención al nuevo cigarrillo de mariguana que njoni acaba
de enrolar)* regálame una jaladita de tu puro.

*toma el puro de njoni y fuma. el bajo toca. mudgu fuma y se
mueve al son de la música como toda una profesional. canta*

cuenta cuentos
...gimme di weed. good ganga weed.

smoke it red until mi eye bleed.
gimme di weed. good ganga weed...

mudgu

...smoke it red until mi eye bleed.
gimme di weed. good ganga weed.
smoke it red until mi eye bleed...

njoni

(le quita el puro a mudgu y fuma) asi es que mi chica dime por qué
este cambio de corazonada? qué, es que tienes miedo de que algo te
vaya a pasar. mudgu tú ya sabes que lo nuestro es para siempre. yo
cuidaré de la princesa. mi chica no puede quedar en cinta sin que yo
sea digno como un semental negro... tu semental mudgu. así que no
te preocupes de nada me oyes.

(njoni intenta seducir a mudgu. él le habla suavemente bajo su aliento)
mudgu dulce carita negra. ven chica. porqué eres así. solo déjame...

siente su toalla y se da cuenta que está sangrando. rápidamente se
retira

njoni

ey ¿qué es eso?... una toalla?... ¿qué es que tienes tu cosa hoy?... pero
no la tenias ayer?... y por qué no me dijiste chica? y permitiste que
pusiera mi mano en, en, en... comó se te ocurre, en ESO!

y sabes que tu cosa llego y estás tocando mi micrófono y mi equipo
de sonido, y mis discos de 45 dub plate y mi ganya asere. las mujeres
no deben tocar esas cosas cuando tienen su cosa, rasta. cho! mudgu
sabes que te quiero mucho, deberías tener mejores modales que eso
asere.

aunque mi compadre el flaco siempre me dice que cuando las
mujeres tienen esas cosas es como que les coge un... se ponen raras
en la cabeza. tu te sientes bien?

y mira ahora hombre, está en mis manos...me lavo las manos? se
supone que los hombres no deberíamos estar en contacto con esas
impurezas. hombre. deberías mantenerte durante esos días. rasta...
cho.

mudgu

(enfurecida y confundida busca palabras) actúas como que si fuera la
primera vez que eso te coge la mano. ¿asi, asi, asi que puedes tocar

mi uniforme sucio pero no me puedes tocar a mi? y el mes pasado
cuando tú y steve se pelearon estaba todo encima tuyo. y de todas
maneras, de dónde crees que saliste tú? de tu mamá... nunca noté
que hubiera algo malo con tu mamá. y de todas formas, la primera
vez que lo hicimos no tuviste ningún problema con tener *eso* encima
de tuyo. (*se chupa los dientes*) hipócrita.

escena 9

sangre sobre la blusa

mudgu

> (*de camino a casa*) maldito idiota. es tan tonto a veces. si él cree que
> va a ser mi novio por mucho tiempo con esa actitud es mejor que lo
> piense muy bien. no es cómo que yo necesito tener un novio. tengo
> el baloncesto y mi mama está en canadá. ni siquiera voy a estar aquí
> por mucho tiempo más. de todas formas. (*levanta la vista para ver
> a abuelita cargando hacia ella*) o no! abuelita me vio. (*baja la cabeza
> y se cubre la cara*)

abuelita

> (*gritando desde el otro lado de la calle*) mudgu!? mudgu! ya te vi así
> que no te escondas. mudgu qué haces saliendo del patio de las black.
> ¿tienes algo allá? !ven a casa en este instante! (*se pasea de un lado
> a otro y nea mientras mudgu llega*) tratamos de tener niños
> y criarlas bien. yo trato con ella. señor. trato con ella. sé que no tengo
> mucho que ofrecer. pero todo lo que tengo se lo doy. lo ves señor.
> todo lo que tengo se lo doy. y ahora esta chiquilla debería estar en la
> escuela y viene de la casa de un hombre en medio del día.

> mudgu (*ve la sangre sobre ella*) jesucristo niña qué te pasó?! (*la gira
> y la gira y la gira buscando heridas. vemos el amor irrefutable de
> abuelita hacia su nieta*) estás bien? te hirieron? eeeee mudgu?
> alguien te hirió? njoni te hirió? señor jesucristo ven niña, ven vamos
> derechito al hospital. dónde te cortaron?... no te cortaron? no?
> (*cambia su temperamento*) entonces por qué es que tu uniforme luce
> de esa manera? eeeee!?... entonces ves gente peleando en el bus y te
> pones en su camino? piensas que eso fue sabio? y qué si te hubieran
> herido? qué le dirías a tu mamá?

> así que no fuiste a la escuela hoy? entonces mudgu por qué no
> viniste a casa a cambiarte la ropa y regresarte a la escuela? y por qué

vienes de la casa de njoni black? y no intentes mentirme me oyes. *(fuma)* no te puedes parar desde aquí dentro en tu patio para decirle hola a njoni. desde aqui. mira cuantos buses 54 pasan por maxfield avenue mudgu? no se toma 3 horas para tomar uno de ellos... el bus se tardó? mudgu no me digas tonterías *(pone el cigarrillo en su boca)*

ven acá, ven acá, ven acá. dije que vengas acá *(la prende cerca y la suelta)* he notado que desde el otro día que vienes por abajo de la cuesta en lugar de venir por arriba por sweatnam. te dije que no vayas a la casa de njoni. mudgu no quiero que traigas ningún bebe en tu panza aquí dentro sabes. ve quítate ese uniforme sucio y lávalo.

(hacia la audiencia) jesús esta chiquilla. *(hacia mudgu)* te voy a volver a mandar a la casa de tu tía, ya que esa es la única forma de mantenerte alejada de ese muchachillo njoni. *(fuma)* tch tch tch tch tch... hmmmhmm no sabias que te dolía la panza cuando deambulabas en la calle con hombres...vas para la casa de tu tía. ahora, lava tu uniforme y empaca tu maleta. *(tira su cigarrillo)* vas viajando.

mudgu
si abuelita. tengo que ir a la casa de tía otra vez. me arde la panza. *(se soba la panza y recuerda a su madre)* mami me duele la panza. ven y sobamela.

escena 10

la primera sangre de mudgu—jalea de guayaba

jamaica hace tres años en casa de madre

cuenta cuentos
"...come rub it pon mi belly like a guava jelly..."

cierra sus ojos y se soba la panza

madre
mudgu qué quieres? tengo mucho trabajo que hacer hoy. y que es lo que haces en el baño tanto tiempo. *(se da cuenta que tiene su periodo)* mi bebita ya llego a la edad de su primer periodo. acabo de cambiarte los pañales y ya tienes 12 años. gracias a dios esto vino antes de que me fuera. yo debía estar aquí mudgu. estás creciendo tan rápido.

mudgu sabes que con este don de sangrar también viene el regalo de crear vida. si optas por ello. eso es mucha responsabilidad sabes. la creación de la vida es una cosa poderosa. sabes que en mis tiempos nuestro peor temor era quedar en cinta. pero hoy en día también hay muchas cosas que puedes agarrar. como el vih. así es que prométeme que vas a respetar tu menstruación.

...si, yo te tuve a los quince pero era un poco joven como para criarte bien. gracias a dios mamá estaba allí para darme un poco de guiaza y hacer de niñera. *(se ríe)* mudgu te voy a dejar con ella y quiero que seas buena. lo prometes... de acuerdo?

ahora que podemos hacer para celebrar esta ocasión? desde luego que puedes celebrar, disfrutar tu sangre. sabes cuantas mujeres por todo el mundo hacen distintas cosas con su sangre. algunas la usan para regar las plantas... no, no mata las plantas. sarcástica! las hace crecer grandes y bellas. algunas mujeres la usan para pintar... grandes pinturas en lienzos. incluso leí que en australia, las aborígenes usan el blood-clot *(coagulo del la sangre)* para sanar sus heridas... no dije una mala palabra. de hecho ponen los pedazos coagulados en la cortada para sanar mas rápidamente.

pero de lo que tú hablas es blood-claat *(toalla de sangre)* ...si ahora si estoy maldiciendo. pero esa palabra no siempre significó eso sabes. allá en los tiempos de tu bisabuela. miss thomas. la recuerdas? bueno ella era una cimarrona, come vino de la parte este de áfrika, las mujeres cimarronas usaban trozos de toallas viejas, o tela, o un pedazo de claat como decimos, cuando tenían su periodo. sangraban en estas claats y las lavaban y las rehusaban... de ahí blood-claat.

sabes, incluso escuché que la misma blood-claat se puede usar para obeah... magia, si las mujeres cimarronas pensaban que estaban en peligro, harían cosas con su sangre para protegerse a sí mismas y a toda la comunidad arriba en la cima de blue mountain... no estoy segura qué clase de magia. me veo como bruja? no sé como se habrá convertido en una mala palabra... no vayas a estar hablando de blood-claat, blood-claat en frente de tu abuela y decirle que mami te dijo que lo podías decir. traviesa. te duele la panza. esa es una de las cosas que vienen con esto. ven. espera. *(toma un trozo majestuoso de tela)* sabes, tu bisabuela me dio esto. decia que es mas viejo que cuando dios era una mujer.

mudgu
dios era mujer!?

madre
eso dicen! hace mucho tiempo. yo creo que es hora de que tengas esto. *(le da la tela)* ven, sal del baño ve a acostarte, y deja que mamá te sobe la panza "rub it pon yuh belly…"

cuenta cuentos
"…like a guava jelly."

abuelita
mudgu estas lista para ir a la casa de tu tía?

escena 11

la casa de tía

tía se pone su sombrero de la iglesia

cuenta cuentos
(canta himno de la iglesia)
what a mighty god we serve
what a mighty god we serve
angels bow before him
heaven and earth adore him
what a mighty god we serve

tía
hola señorita mudgu. estás creciendo rápido. dentro de poco no te podré reconocer. cómo está mamá? bien. así que le estás dando problemas otra vez, por qué te mando para acá, ese muchachillo njoni otra vez? oh no.

te lo dije una vez y te lo digo dos veces, a jesús no le gustan las mentirosas. sabes que jesús murió en la cruz por tus pecados mudgu. solo la sangre de jesús nos puede limpiar cuando pecamos. cómo vas a encontrar al padre celestial si no te comportas y actúas como una señorita educada.

y mamá me dice que ya te llegó la menstruación y que no estás siendo muy señorita con tu limpieza personal. pero déjame decirte algo. en el futuro ningún buen hombre que valga la pena retener quiere a una mujer que no sabe cómo mantener sus asuntos

femeninos limpios. me oyes. así que asegúrate que no vuelva
a ocurrir.

por ahora mantén tus ojos en dios y en tus libros. esta noche antes
de irte a la cama quiero que hagas una oración especial agrade-
ciéndole a jesús por haber muerto en la crúz por ti. por el
derramamiento divino de la sangre de jesús aleluya, *(la coge el
espíritu santo)* tus pecados mudgu han sido sanados. quiero que
le pidas, al hombre arriba de ti mudgu, por su perdón.

deja de andarte revolcando con njoni. si te acuestas con perros te
levantas con pulgas. de acuerdo? de todos modos. estoy contenta de
que estés aquí.

cuanto tiempo quiere mamá que te quedes? un mes. bueno quédate
por todo el tiempo que necesites. ahora me tengo que ir. en la iglesia
hay reunión devocional en quince minutos. quédate en la casa no le
abras la puerta a nadie. tu tío tiene su llave.

hice un poco de tubérculos con banano verde y chayote con ceso
vegetal y bacalao. y hay una bolsa de platanitos en mi bolsa del
mercado para ti. si ya se que son tus favoritos. tienes tarea? bueno
ponte a hacerla. regreso pronto. y mudgu que no se te olvide orar.

cuenta cuentos
(canta himno de la iglesia)
what a mighty god we serve
what a mighty god we serve
angels bow before him
heaven and earth adore him
what a mighty god we serve

escena 12

hija de un dios menor

el escenario está negro
pies caminan
golpe a la puerta
voz susurra

tío
mudgu. mudgu. abre la puerta. tú sabes quien és. abre la puerta
porfa, para mí porfa, mudgu *(mas severo)* niñita tú sabes que me

oíste decirte que abrieras la puerta. entonces *(llaves tintinean. la cerradura se abre. la puerta se cierra)* ey mudgu. por qué me tratas así haciéndome esperar afuera por tanto tiempo. te extrañé sabes. tu tía me dice que esta vez te vas a quedar por acá por un buen rato. me extrañaste mudgu? dice que tienes un novio. pensé que yo era tu único amigo especial? todos estos años y ahora me quieres venir a faltar el respeto con que tienes novio.

ven acá. ven acá. tengo algo para ti. cámo se dice? *(se chupa los dientes)*. tú crees que eso me va a parar? eso es aun mejor mudgu no te puedes embarazar. ahora ven aquí, ven. se una buena niña y has a tu tío feliz. dije que vengas acá. AAAAAHHHHHH!!!

un relámpago
el brillo de un filo
un grito de dolor

luces suben
mudgu en sus rodillas orando

mudgu
oro por mamá
oro por papá
oro a dios
y bendíceme
para hacerme
una buena *(pausa)* niña
por siempre jamás amén

escena 13

magia de sangre

jamaica 1731. ocaso. música de OYA se escucha en el pasado distante. el árbol de iroko aparece

el cuenta cuentos toca en el tambor un ritmo complementario a la música

la reina nanny saca un trozo de tela ensangrentado de entre sus piernas. lo escurre en la hoya que se está preparando. luego de esto le da vuelta al caldero con su machete

ella canta y prueba la poción ocasionalmente para ver si está listo

haciendo sus oraciones a la diosa OYA
cuenta cuentos sopla el abeng

reina nanny
OYA a-su-jo ma ro
OYA-a-su-jo ma ro
luna llena llena luna llamo a la sangre
desde lo mas profundo hasta lo mas alto
ven dentro de la hoya dulce de nanny
el rió macungo y el stony se encuentran

tela empapada de sangre
has ríos bramados de este estofado
para llenar los pulmones y los corazones de las chaquetas rojas
con fuego del estofado del trapo de sangre de nanny

oh ancestras ayúdennos ahora
tus hijas de nanny town están bajo ataque
nunca rendiremos nuestra vida nuestra sangre
haremos retroceder a las británicas

oh fuerte viento llamo tu nombre
guarda los portales mientras el amo bakra massa cruza el plano
de aquí en adelante
nunca jamás
si intenta derrotarnos

uno a uno los soldados vienen
uno a uno sopla el cuerno
(el cuenta cuentos suena el abeng)
una a una balas vuelan
uno a uno soldado muere

ancestras sus niñas están bajo ataque
pero haremos retroceder a las británicas
cuesta dabajo de la cima de blue mountain
a través del lecho del rió
las koromante conoceremos la victoria verdadera
por esto se vierte mi sangre...
(ella prueba la poción)
lista
(en voz mas baja)
y OYA esto te pido

mantén a mi hermanita a salvo y fuerte
sóplale un viento para que pruebe nueva libertad

el abeng suena

escena 14

ojo por ojo

*es de día. cuenta cuentos canta un himno de la iglesia: ...heaven
and earth adore him. what a mighty god we serve.*

*tía voltea las páginas de la biblia hasta llegar a éxodo
21 versículo 24-25*

tía

exodo 21 versículo 24-25 "ojo por ojo, diente por diente, mano por
mano, pie por pie, quemadura por quemadura..." oh señor que
significa esto, un lunático desquiciado prácticamente le corta mano
a mi esposo en el trabajo? *(ve a mudgu entrar)* alabado sea jesús
mudgu, las doctoras dicen que van a tratar de ver si pueden volver
a unir la mano de tu tío pero no prometen nada. *(comienza a orar)*
oh dulce padre en el cielo ten misericordia de mi marido. mudgu
ayúdame a orar. él es un hombre bueno señor y merece tu amor
y bondad amén.

tengo que quedarme con él en el hospital por lo menos siete días
más. lo pusieron en observación. así que te tengo que mandar de
vuelta a casa antes de tiempo. dile a mamá lo que pasó y yo vendré
a explicarle mas tarde.

espero que la próxima vez que vuelvas aquí, no vaya a ser porque te
estás poniendo en tonterías de que si noviecito esto y noviecito lo
otro. compórtate. estudia tus libros. y tendrás mucho tiempo para
pensar en hombre cuando estés casada.

recuerda que solo en la santidad del matrimonio dios permitió
relaciones sexuales. entre tanto, mantén a dios en tu corazón y la
mente en tus estudios. pon ese asuntito del noviecito njoni a un lado
porque si te acuestas con pulgas, te levantas con perros, quiero decir
si te levantas con perros, te acuestas con pulgas. no, quiero decir...
ya sabes lo que quiero decir. te advierto. dios te advierte. pero a veces
el diablo se mente en ti como sangre caliente hirviendo agua. así que

cuídate. y mudgu cuando ores esta noche. ofrece una pequeña oración para tu tío también. a sido tan bueno con nosotras.

cuenta cuentos canta himno de iglesia

mudgu pone el sombrero en el altar

escena 15

la muerte de njoni

es de día. mudgu llega a casa

mudgu

abuelita regresé antes de tiempo de la casa de tía. tío tuvo un accidente dijo tía que te dijera... *(varios balazos se disparan)* qué es eso? *(entra en pánico)* abuelita? abuelita estés aquí? dónde está abuelita?

varios balazos se disparan. mudgu se pone pálida lentamente asoma la cabeza y mira a través de la ventana

pero qué está pasando en realidad? un gentío en el patio de njoni? dónde está abuelita? *(mudgu ve a pearl. susurrando)* pearl johnson puede venir acá por un minuto por favor. le dispararon a alguien en la casa de miss black?

pearl johnson

yo no vi lo que pasó... pero cuando yo pasaba oí a una señora decirle a otra señora que fueron dos los que le entraron a él. envolvieron la una toalla alrededor su la cabeza. para que nadie oyera y lo mataron con dos balazos... porque no quería vender mariguana para ellos... deberías de ver la cantidad de sangre. repugnante. pobre miss black.

quita una camiseta sangrienta de la puerta de njoni camina hacia el balde y trata de lavar la sangre completamente su pena es silenciosa

escena 16

ciclos

nueve meses mas tarde mudgu perdió tres dias de escuela

está nauseabunda
vomita cerca del grifo del tanque de agua elevado

mudgu

si abuelita… no abuelita… abuelita no puedo ir a la escuela hoy tampoco. me duela la panza y todavía estoy vomitando la comida… no abuelita no hice cochinadas… no abuelita… no abuelita no estoy embarazada. abuelita por favor no le digas eso a mi mami. esta en el teléfono. pero no es cierto abuelita… no estoy embarazada.

se revuelca del dolor

mommy lo ciento. sé que me previniste. lo lamento mucho mami. pero dónde estás tú? en el extranjero viviendo la gran vida? si estuvieras aquí. esto jamás me hubiera pasado. esto no hubiera pasado. halo mami?

escena 17

la jerstoria de mama

madre

mudgu aveces hacemos sacrificions que valen la pena y aveces no.

es hora de que te diga de dónde viene tu nombre. sabes que cuando yo estaba creciendo siempre escuchábamos en la escuela sobre nuestra heroína la reina nanny pero fue tu bisabuela quien me dijo esta parte de la jerstoria.

la jerstoria cuenta que la reina nanny y su hermana menor llamada sekesu, ambas princesas de la nación ashanti fueron raptadas y esclavizadas, traídas a jamaica, vendidas en la plaza de subasta a diferentes amos bakra massas. fueron brutalmente separadas.

de camino a la plantación, nanny luchó valientemente contra sus captores por su libertad y escapó. estaba determinada a no vivir como esclava. corrió entre los arbustos, atravezando rios, subiendo colinas, hasta llegar a la cima de la montaña blue mountain. allí se convirtió en la lider de los cimarrones windward. del este.

su hermana sekesu trato varias veces de escapar. en su intento final huyó de la plantación, entre los arbustos. corrió corrió y corrió pero no llegó muy lejos; corría con una bebé recién nacida.

sekesu paro a descansar en un roca cuando escucho los perros de bakra cercanos. se quedó inmóvil mientras pasaban. su bebe comenzó a llorar. no pudo calmar los llantos de hambre y de cansancio de la criatura. el amo bakra massa se alertó y encadenó a sekesu y su criatura de vuelta a la plantación.

luego de eso no volvió a intentar escapar. sin haber podido reunirse con su hermana nanny, vivió y murió en esclavitud.

la criatura sin embargo. la niña creció con una sed de libertad. engordado de los cuentos de guerreras, la niña prometió quebrantar el ciclo de sujeción. poco después de la muerte de sekesu, la niña envenenó al amo bakra massa y a su familia entera con una vieja receta de indígenas tainos que corroe la sangre; y huyó a la montaña a reunirse con parentela.

esa chica se llamaba mudgu.

sabes dicen que nosotras las jamaicanas somos descendientes de nanny y sekesu. sabes lo que eso significa hija mía? tú eres una descendiente directa. recuerda a tu bisabuela. tú tienes la orientacion de todas tus ancestras. vienes de linaje fuerte mudgu, y este puede manejar lo que sea que venga.

escena 18

verdad de sangre

abuelita

mudgu. no sé lo que tu mama tiene que decir al respecto de esto sabes, pero si no viene del extranjero a para ver por ti, te vas a la casa de miss black para que ella tome responsabilidad de la panza, porque yo no lo voy a hacer. *(va al tendedero y coge un cigarrillo)* …escucha ya le hable a miss black y le dije que te voy a llevar para allá, así que ponte la ropa.

(con sigo misma) señor dios ves mi condena. quince años y en cinta. por qué señor. quince años y trayendo pansa en mi casa todo whitfield town sabe mi verguenza. no puedo mostrar la cara en maxfield avenue. tal es la madre tal es la hija. mudgu deberías de haber hecho la diferencia. *(enfoca su atencion en mudgu)* por qué no me escuchaste? *(bastante herida)* no me querias escuchar.

cuando tu madre se embarazo de ti a los quince *(a la audioencia)*
qué hice? qué hice? crié a la bebe. cuando yo me embaracé con tu tía
a los quince, mi madre me echó de casa. sabes que te voy a mandar
a casa de tu tía. tu madre debio haberte dejado allí en primer lugar.
porque ella es la única que puede te puede meter sensatez.
mudgu no tienes opción. empaca tus cosas. te voy a llevar a casa
de tu tía. para que ella y su esposo puedan cuidar del bebe en esa
pansa... dije qué vas... que quires decir que le tienes miendo a tu tío
niña...? qué dices...?

jesús padre celestial en las alturas! perdona a esta niña padre!
perdona a la niña! *(a la audiencia)* están escuchando a esta niña.
se te metió el diablo chiquillal!? mudgu cómo puedes decir una
mentira tan cruel y malvada en contra de tu tío. por qué? por qué!?
por qué una mentira tan malvada!?

   mudgu le dice que fue ella quien le desmembró la mano a su tío

que tú qué?!... tú hiciste qué?!... *(deja caer el cigarrillos y cae de
rodillas)*

(se da cuenta que mudgu está diciendo la verdad) no no no no no no
no no no!!! woeeiii!!!! mi madre miss thomas. mi madre mi madre
mi madre!!! mudgu woeeeiii. mudgu mi mi nietecita. perdóname
mudgu. perdona a tu abuelita oieee!!! oh mi madre miss thomas.
no te preocupes mi niña no te preocupes. ven ven ven.

   *aggara a mudgu y cae con ella al suelo del entre el proscenio y el
   centro de escenario*

no te preocupes mi niña. vamos a cuidar de ti. ven. ven para que
abuela te abrace. oh mudgu te creo. te creo mudgu. charlie el novio
de mi madre me violaba y nunca se lo dije a mi madre porque pensé
que era mi culpa y que mamá no me hubiera creído. pero te ceo
mudgu. le cortaste la mano.

mi preciosa nieta mudgu. no te preocupes. tu bisabuela me tuvo.
y yo tuve a tu madre. y tu madre te tuvo a ti. y ahora tú vas a tener
la tuya. no te preocupes niña mía.

escena 19

katta-a-woods—muerte y renacimiento

jamaica 1732
crepusculo.
el sonido de total confusión se escucha a la distancia. la guerra
viene a nanny town

cuenta cuentos
ohemma—madre reina nanny

reina nanny
koromante! el amo bakra massa chaqueta roja está luchando duro
por volver poner grilletes en nuestras manos. grilletes en nuestros
pies. grilletes en nuestros espíritus. viene a nanny town ahora con
ese viejo neegrrro que lo ayuda. está disparando, violando, matando
y mutilando. el amo bakra está tomando nanny town oh.

cuenta cuentos
(gime) nanny town cae oh.

reina nanny
(al cuenta cuentos) no! *(a las koromante)* no! este linaje de sangre es
la vieja mujer con muchas hijas. cuando una cae, una nueva guerrera
nace. koromante! vamos a recomensar en el rio golden river, el rio
snake river, y en el rio negro river. en las faldas de las montañas
john crow al borde del rio grande. plataremos y creceremos
y cocecharemos el gran plantain walk a travez de la colina de katta-
a-wood. *(ve que la moral está baja entre sus koromantes)*

koromante sé que ha sido mucho tiempo que hemos estado en esta
nueva tierra luchando. pero recuerda, si quieres el bien tu nariz debe
sangrar. nuestras ancestras antes de nosotras sacrificaron su sangre
por nosotras. somos las hijas de nuestras antepasadas y antepasados
que sacrificaron su sangre por nuestras hijas. nuestras hijas
sacrificaran su sangre. es solo por ritual koromante, las hijas de
las hijas de nuestras hijas seran libres.

cuenta cuentos suena el abeng

escena 20

vieja sangre de nueva vida

cuenta cuentos toca las congas suavemente a la distancia
y gime por una canción antigua
mudgu da a luz de pie sobre le balde
el patrón rítmico y el volumen de los tambores se incrementan
durante el parto
los cuenta cuentos cantan un patrón de gemido durante el proceso
de parto

abuelita
ven niña, tiene que pujar. puja tan duro como puedas. puja mudgu.
tu abuelita está aquí mismo contigo. pppppppuuuuuuuuu......

mudgu
...jjjjjjjjjjjjaaaaaaaaaaaa. abuelita estoy pujando... estoy pujando
abuelita... *(entra en ritual de sonidos, gruñidos, gemidos,*
pujando y dando a luz. toma el trapo verde que está en el balde)
puuuuuujjjjjaaaaa... puuuuuujjjjjaaaaa... puuuuuujjjjjaaaaa
aaaaahhhhh... *(una criatura nace, arrulla la tela roja)* abuelita,
abuelita mírala. *(le muestra la bebe a abuelita, y la vuelve a traer*
a su pecho) abuelita la puedo llamar sekesu? *(mira a su abuelita*
y luego de vuelta a la bebe) sekesu.

> *mudgu arrolla a sekesu serca*
> *el abeng suena*
> *parace el arbol de iroko*
> *el gemido del cuenta cuentos se desvanece*
> *luces se desvanecen*

> *en la oscuridad escuchamos las palabras de una vieja canción de*
> *reggae ("One Blood" por Junior Reid) que perfora en aire.*

> *la sangre de sangre a suena durante el llamado de telón*

> *...el inicio*

post espectáculo

sangre

música de sangre después del espectáculo (inspiración para la obra)

blood blood blood blood.claat
blood blood blood blood.claat

viviendo en estos tiempos que la sangre es comerciable
como el resto de mi cuerpo/ todo es vendible
síndrome de shock toxico/ proctor gamble
toallas blanqueadas con cloro /chupan la sangre que no tengo

buitres culturales al acecho / yacen en los escaparates
chuleadera legalizada de mi coño y de mi sangre
con o sin aplicadores/ con o sin alas
a las marcas a b c y d / no les importo nada

las has notado/ las has visto en la tv
kotex tampax always o maxi
ellos no usan rojo/ usan azul en su lugar
y yo me pregunto de dónde es que la vergüenza que rodea mi coño
proviene
cual operación secreta/ más de la mitad de la población sangra

solíamos tener muchos muchos muchos rituales de sangre
donde las mujeres se reunían/ y sangraban en la tierra
pero ahora la sangre no corre/ adónde fueron los rituales
vergüenza manufacturada / diseñada para mantenerme en cadenas

yo sangro
cinco noches de sangrado / sangre en mi ojo
cinco noches de sangrado / sangre en mi cabeza
cinco noches de sangrado / sangre en mi vientre
cinco noches de sangrado / sangre en mi coño
cinco noches de sangrado / sangre en el suelo
y cuando la guerra llega / la sangre de quien rueda

telegrafo/ danza-blues/ srco-iris/ brixton/ railton road
como río de sangre simplemente corre/ la liberación de la sangre
tendrá acaso una oportunidad
grandada johannesburgo haití
esclavitud ata mi panza y sangra/ ata mi panza y sangra

un siglo dos siglos tres siglos cuatro/ cinco siglos por la borda
cautiverio no mas ella viene ya
sangre para lavar el odio/ sangre para lavar tú violación
sangre para lavar el dolor/ sangre para borrar y lavar el tablero
limpio
la sangre te va coger/ la sangre te va coger

yo sangro
porqué le enseñamos a las jóvenes amazonas/ a esconder el hecho
que
la tía flujo viene una vez al mes/ y ella es un contratiempo?
no hables de ella muy alto en publico
ten cuidado de derramar CREASION en el sanitario
fíjate puedes derramar CELEBRACION en la silla
no manches las sábanas con tu LIBERACION
ni la calles con tu REVOLUCION
joven negra bush-woman / no pare una nación

joven negra bush-woman deambulando
nadie conoce su nombre
se siente demonizada/ deshumanizada/ desempoderada
nesecita desprogramarse
cerrar sus ojos/ y sentir su oscuridad interna
la profundidad/ la humedad/ la rojez de sangre
yo sangro

y cuando ella viene a mi cada mes
me trae vibracion positiva con su sabiduría
no doctor no necesito tylenol/ ni midol/ ni advil
ningún mata-espíritus para adormecer esta sanidad
solo deme té de hoja de frambuesa
y estaré tranquila
en este instante ella-universo se esta comunicando
me estoy elevando
rindiéndome ante ella-diosa dentro de mi

espíritu madre ancestral esta llamando
si estuviera el el monte/ estaría sangrando
en la tierra
regando su cuerpo con mi sanidad
pero vivo en la ciudad-mierda
sin toallas sin tampones sin protectores sin paños

sin opresión/ sábanas bien sangrientas
sangrando en la cama envez

yo sangro porque soy una guerrera
amazona hija de yemaya
yo sangro porque la sangre de la luna
la sangre de la tierra/ la sangre del viento
la sangre de la lluvia/ la sangre del sol
me hacen mawu; diosa divina ancestral afrikana creadora de toda
vida
negra mujer del monte

No014187